T&P BOOKS

I0232657

HEBRAICO
VOCABULÁRIO

PORTUGUÊS BRASILEIRO

PORTUGUÊS HEBRAICO

Para alargar o seu léxico e apurar
as suas competências linguísticas

5000 palavras

Vocabulário Português Brasileiro-Hebraico - 5000 palavras

Por Andrey Taranov

Os vocabulários da T&P Books destinam-se a ajudar a aprender, a memorizar, e a rever palavras estrangeiras. O dicionário é dividido em temas, cobrindo todas as principais esferas de atividades quotidianas, negócios, ciência, cultura, etc.

O processo de aprendizagem, utilizando os dicionários baseados em temáticas da T&P Books dá-lhe as seguintes vantagens:

- Informação de origem corretamente agrupada predetermina o sucesso em fases subsequentes da memorização de palavras
- Disponibilização de palavras derivadas da mesma raiz, o que permite a memorização de unidades de texto (em vez de palavras separadas)
- Pequenas unidades de palavras facilitam o processo de estabelecimento de vínculos associativos necessários para a consolidação do vocabulário
- O nível de conhecimento da língua pode ser estimado pelo número de palavras aprendidas

T&P Books Publishing
www.tpbooks.com

ISBN: 978-1-78767-371-7

Este livro também está disponível em formato E-book.
Por favor visite www.tpbooks.com ou as principais livrarias on-line.

VOCABULÁRIO HEBRAICO
palavras mais úteis

Os vocabulários da T&P Books destinam-se a ajudar a aprender, a memorizar, e a rever palavras estrangeiras. O vocabulário contém mais de 5000 palavras de uso comum organizadas tematicamente.

O vocabulário contém as palavras mais comummente usadas

Recomendado como adicional para qualquer curso de línguas

Satisfaz as necessidades dos iniciados e dos alunos avançados de línguas estrangeiras

Conveniente para o uso diário, sessões de revisão e atividades de auto-teste

Permite avaliar o seu vocabulário

Características especias do vocabulário

*   As palavras estão organizadas de acordo com o seu significado, e não por ordem alfabética
*   As palavras são apresentadas em três colunas para facilitar os processos de revisão e auto-teste
*   As palavras compostas são divididas em pequenos blocos para facilitar o processo de aprendizagem
*   O vocabulário oferece uma transcrição simples e adequada de cada palavra estrangeira

O vocabulário contém 155 tópicos incluindo:

Conceitos básicos, Números, Cores, Meses, Estações do ano, Unidades de medida, Roupas & Acessórios, Alimentos & Nutrição, Restaurante, Membros da Família, Parentes, Caráter, Sentimentos, Emoções, Doenças, Cidade, Passeios, Compras, Dinheiro, Casa, Lar, Escritório, Trabalho no Escritório, Importação & Exportação, Marketing, Pesquisa de Emprego, Esportes, Educação, Computador, Internet, Ferramentas, Natureza, Países, Nacionalidades e muito mais ...

TABELA DE CONTEÚDOS

GUIA DE PRONUNCIAÇÃO

Letra	Exemplo Hebraico	Alfabeto fonético T&P	Exemplo Português
א	אריה	[a], [a:]	amar
א	אחד	[ɛ], [ɛ:]	mover
א	מָאָה	['] (hamza)	oclusiva glotal
ב	בית	[b]	barril
ג	גמל	[g]	gosto
ג׳	ג׳ונגל	[ʤ]	adjetivo
ד	דג	[d]	dentista
ה	הר	[h]	[h] aspirada
ו	וסת	[v]	fava
ז	זאב	[z]	sésamo
ז׳	ז׳ורנל	[ʒ]	talvez
ח	חוט	[x]	fricativa uvular surda
ט	טוב	[t]	tulipa
י	יום	[j]	Vietnã
ך כ	כריש	[k]	aquilo
ל	לחם	[l]	libra
ם מ	מלך	[m]	magnólia
ן נ	נר	[n]	natureza
ס	סוס	[s]	sanita
ע	עין	[a], [a:]	amar
ע	תשעים	['] (ayn)	fricativa faríngea sonora
ף פ	פיל	[p]	presente
ץ צ	צעצוע	[ʦ]	tsé-tsé
צ׳ ץ׳	צ׳ק	[ʧ]	Tchau!
ק	קוף	[k]	aquilo
ר	רכבת	[r]	[r] vibrante
ש	שלחן, עשרים	[s], [ʃ]	sanita, mês
ת	תפוז	[t]	tulipa

ABREVIATURAS
usadas no vocabulário

Abreviaturas do Português

adj	-	adjetivo
adv	-	advérbio
anim.	-	animado
conj.	-	conjunção
desp.	-	esporte
etc.	-	Etcetera
ex.	-	por exemplo
f	-	nome feminino
f pl	-	feminino plural
fem.	-	feminino
inanim.	-	inanimado
m	-	nome masculino
m pl	-	masculino plural
m, f	-	masculino, feminino
masc.	-	masculino
mat.	-	matemática
mil.	-	militar
pl	-	plural
prep.	-	preposição
pron.	-	pronome
sb.	-	sobre
sing.	-	singular
v aux	-	verbo auxiliar
vi	-	verbo intransitivo
vi, vt	-	verbo intransitivo, transitivo
vr	-	verbo reflexivo
vt	-	verbo transitivo

Abreviaturas do Hebraico

ז	-	masculino
ז"ר	-	masculino plural
ז , נ	-	masculino, feminino
נ	-	feminino
נ"ר	-	feminino plural

CONCEITOS BÁSICOS

Conceitos básicos. Parte 1

1. Pronomes

eu	ani	אֲנִי (ז, נ)
você (masc.)	ata	אַתָּה (ז)
você (fem.)	at	אַתְּ (נ)
ele	hu	הוּא (ז)
ela	hi	הִיא (נ)
nós	a'naχnu	אֲנַחנוּ (ז, נ)
vocês (masc.)	atem	אַתֶּם (ז"ר)
vocês (fem.)	aten	אַתֶּן (נ"ר)
o senhor, -a	ata, at	אַתָּה (ז), אַתְּ (נ)
senhores, -as	atem, aten	אַתֶּם (ז"ר), אַתֶּן (נ"ר)
eles	hem	הֵם (ז"ר)
elas	hen	הֵן (נ"ר)

2. Cumprimentos. Saudações. Despedidas

Oi!	ʃalom!	שָׁלוֹם!
Olá!	ʃalom!	שָׁלוֹם!
Bom dia!	'boker tov!	בּוֹקֶר טוֹב!
Boa tarde!	tsaha'rayim tovim!	צָהֳרַיִים טוֹבִים!
Boa noite!	'erev tov!	עֶרֶב טוֹב!
cumprimentar (vt)	lomar ʃalom	לוֹמַר שָׁלוֹם
Oi!	hai!	הַיי!
saudação (f)	ahlan	אַהלָן
saudar (vt)	lomar ʃalom	לוֹמַר שָׁלוֹם
Tudo bem?	ma ʃlomχa?	מַה שלוֹמךָ? (ז)
Como vai?	ma niʃma?	מַה נִשׁמָע?
E aí, novidades?	ma χadaʃ?	מַה חָדָשׁ?
Tchau!	lehitra'ot!	לְהִתרָאוֹת!
Até logo!	bai!	בַּיי!
Até breve!	lehitra'ot bekarov!	לְהִתרָאוֹת בְּקָרוֹב!
Adeus!	lehitra'ot!	לְהִתרָאוֹת!
despedir-se (dizer adeus)	lomar lehitra'ot	לוֹמַר לְהִתרָאוֹת
Até mais!	bai!	בַּיי!
Obrigado! -a!	toda!	תוֹדָה!
Muito obrigado! -a!	toda raba!	תוֹדָה רַבָּה!
De nada	bevakaʃa	בְּבַקָשָׁה

Não tem de quê	al lo davar	עַל לֹא דָּבָר
Não foi nada!	ein beʻad ma	אֵין בְּעַד מָה
Desculpa!	sliχa!	סְלִיחָה!
Desculpe!	sliχa!	סְלִיחָה!
desculpar (vt)	lis'loaχ	לִסְלוֹחַ
desculpar-se (vr)	lehitnatsel	לְהִתְנַצֵּל
Me desculpe	ani mitnatsel, ani mitna'tselet	אֲנִי מִתְנַצֵּל (ז), אֲנִי מִתְנַצֶּלֶת (נ)
Desculpe!	ani mitsta'er, ani mitsta''eret	אֲנִי מִצְטַעֵר (ז), אֲנִי מִצְטַעֶרֶת (נ)
perdoar (vt)	lis'loaχ	לִסְלוֹחַ
Não faz mal	lo nora	לֹא נוֹרָא
por favor	bevakaʃa	בְּבַקָּשָׁה
Não se esqueça!	al tiʃkaχ!	אַל תִּשְׁכַּח! (ז)
Com certeza!	'betaχ!	בֶּטַח!
Claro que não!	'betaχ ʃelo!	בֶּטַח שֶׁלֹא!
Está bem! De acordo!	okei!	אוֹקֵיי!
Chega!	maspik!	מַסְפִּיק!

<h2>3. Como se dirigir a alguém</h2>

Desculpe ...	sliχa!	סְלִיחָה!
senhor	adon	אָדוֹן
senhora	gvirti	גְּבִרְתִּי
senhorita	'gveret	גְּבֶרֶת
jovem	baχur tsa'ir	בָּחוּר צָעִיר
menino	'yeled	יֶלֶד
menina	yalda	יַלְדָּה

<h2>4. Números cardinais. Parte 1</h2>

zero	'efes	אֶפֶס (ז)
um	eχad	אֶחָד (ז)
uma	aχat	אַחַת (נ)
dois	'ʃtayim	שְׁתַּיִים (נ)
três	ʃaloʃ	שָׁלוֹש (נ)
quatro	arba	אַרְבַּע (נ)
cinco	χameʃ	חָמֵש (נ)
seis	ʃeʃ	שֵׁש (נ)
sete	'ʃeva	שֶׁבַע (נ)
oito	'ʃmone	שְׁמוֹנֶה (נ)
nove	'teʃa	תֵּשַׁע (נ)
dez	'eser	עֶשֶׂר (נ)
onze	aχat esre	אַחַת-עֶשְׂרֵה (נ)
doze	ʃteim esre	שְׁתֵּים-עֶשְׂרֵה (נ)
treze	ʃloʃ esre	שְׁלוֹש-עֶשְׂרֵה (נ)
catorze	arba esre	אַרְבַּע-עֶשְׂרֵה (נ)
quinze	χameʃ esre	חֲמֵש-עֶשְׂרֵה (נ)
dezesseis	ʃeʃ esre	שֵׁש-עֶשְׂרֵה (נ)

dezessete	ʃva esre	שְׁבַע-עֶשְׂרֵה (נ)
dezoito	ʃmone esre	שְׁמוֹנֶה-עֶשְׂרֵה (נ)
dezenove	tʃa esre	תְּשַׁע-עֶשְׂרֵה (נ)
vinte	esrim	עֶשְׂרִים
vinte e um	esrim ve'eχad	עֶשְׂרִים וְאֶחָד
vinte e dois	esrim u'ʃnayim	עֶשְׂרִים וּשְׁנַיִים
vinte e três	esrim uʃloʃa	עֶשְׂרִים וּשְׁלוֹשָׁה
trinta	ʃloʃim	שְׁלוֹשִׁים
trinta e um	ʃloʃim ve'eχad	שְׁלוֹשִׁים וְאֶחָד
trinta e dois	ʃloʃim u'ʃnayim	שְׁלוֹשִׁים וּשְׁנַיִים
trinta e três	ʃloʃim uʃloʃa	שְׁלוֹשִׁים וּשְׁלוֹשָׁה
quarenta	arba'im	אַרְבָּעִים
quarenta e um	arba'im ve'eχad	אַרְבָּעִים וְאֶחָד
quarenta e dois	arba'im u'ʃnayim	אַרְבָּעִים וּשְׁנַיִים
quarenta e três	arba'im uʃloʃa	אַרְבָּעִים וּשְׁלוֹשָׁה
cinquenta	χamiʃim	חֲמִישִׁים
cinquenta e um	χamiʃim ve'eχad	חֲמִישִׁים וְאֶחָד
cinquenta e dois	χamiʃim u'ʃnayim	חֲמִישִׁים וּשְׁנַיִים
cinquenta e três	χamiʃim uʃloʃa	חֲמִישִׁים וּשְׁלוֹשָׁה
sessenta	ʃiʃim	שִׁישִׁים
sessenta e um	ʃiʃim ve'eχad	שִׁישִׁים וְאֶחָד
sessenta e dois	ʃiʃim u'ʃnayim	שִׁישִׁים וּשְׁנַיִים
sessenta e três	ʃiʃim uʃloʃa	שִׁישִׁים וּשְׁלוֹשָׁה
setenta	ʃiv'im	שִׁבְעִים
setenta e um	ʃiv'im ve'eχad	שִׁבְעִים וְאֶחָד
setenta e dois	ʃiv'im u'ʃnayim	שִׁבְעִים וּשְׁנַיִים
setenta e três	ʃiv'im uʃloʃa	שִׁבְעִים וּשְׁלוֹשָׁה
oitenta	ʃmonim	שְׁמוֹנִים
oitenta e um	ʃmonim ve'eχad	שְׁמוֹנִים וְאֶחָד
oitenta e dois	ʃmonim u'ʃnayim	שְׁמוֹנִים וּשְׁנַיִים
oitenta e três	ʃmonim uʃloʃa	שְׁמוֹנִים וּשְׁלוֹשָׁה
noventa	tiʃ'im	תְּשְׁעִים
noventa e um	tiʃ'im ve'eχad	תְּשְׁעִים וְאֶחָד
noventa e dois	tiʃ'im u'ʃayim	תְּשְׁעִים וּשְׁנַיִים
noventa e três	tiʃ'im uʃloʃa	תְּשְׁעִים וּשְׁלוֹשָׁה

5. Números cardinais. Parte 2

cem	'me'a	מֵאָה (נ)
duzentos	ma'tayim	מָאתַיִים
trezentos	ʃloʃ me'ot	שְׁלוֹש מֵאוֹת (נ)
quatrocentos	arba me'ot	אַרְבַּע מֵאוֹת (נ)
quinhentos	χameʃ me'ot	חָמֵשׁ מֵאוֹת (נ)
seiscentos	ʃeʃ me'ot	שֵׁשׁ מֵאוֹת (נ)
setecentos	ʃva me'ot	שְׁבַע מֵאוֹת (נ)

| oitocentos | ʃmone me'ot | שְׁמוֹנֶה מֵאוֹת (נ) |
| novecentos | tʃa me'ot | תְּשַׁע מֵאוֹת (נ) |

mil	'elef	אֶלֶף (ז)
dois mil	al'payim	אַלְפַּיִם (ז)
três mil	'ʃloʃet alafim	שְׁלוֹשֶׁת אֲלָפִים (ז)
dez mil	a'seret alafim	עֲשֶׂרֶת אֲלָפִים (ז)
cem mil	'me'a 'elef	מֵאָה אֶלֶף (ז)

| um milhão | milyon | מִילְיוֹן (ז) |
| um bilhão | milyard | מִילְיַארְד (ז) |

6. Números ordinais

primeiro (adj)	riʃon	רִאשׁוֹן
segundo (adj)	ʃeni	שֵׁנִי
terceiro (adj)	ʃliʃi	שְׁלִישִׁי
quarto (adj)	revi'i	רְבִיעִי
quinto (adj)	χamiʃi	חֲמִישִׁי

sexto (adj)	ʃiʃi	שִׁישִׁי
sétimo (adj)	ʃvi'i	שְׁבִיעִי
oitavo (adj)	ʃmini	שְׁמִינִי
nono (adj)	tʃi'i	תְּשִׁיעִי
décimo (adj)	asiri	עֲשִׂירִי

7. Números. Frações

fração (f)	'ʃever	שֶׁבֶר (ז)
um meio	'χetsi	חֲצִי (ז)
um terço	ʃliʃ	שְׁלִישׁ (ז)
um quarto	'reva	רֶבַע (ז)

um oitavo	ʃminit	שְׁמִינִית (נ)
um décimo	asirit	עֲשִׂירִית (נ)
dois terços	ʃnei ʃliʃim	שְׁנֵי שְׁלִישִׁים (ז)
três quartos	'ʃloʃet riv'ei	שְׁלוֹשֶׁת רְבָעֵי

8. Números. Operações básicas

subtração (f)	χisur	חִיסוּר (ז)
subtrair (vi, vt)	leχaser	לְחַסֵר
divisão (f)	χiluk	חִילוּק (ז)
dividir (vt)	leχalek	לְחַלֵק

adição (f)	χibur	חִיבּוּר (ז)
somar (vt)	leχaber	לְחַבֵּר
adicionar (vt)	leχaber	לְחַבֵּר
multiplicação (f)	'kefel	כֶּפֶל (ז)
multiplicar (vt)	lehaχpil	לְהַכְפִּיל

9. Números. Diversos

algarismo, dígito (m)	sifra	סִפְרָה (נ)
número (m)	mispar	מִסְפָּר (ז)
numeral (m)	ʃem mispar	שֵׁם מִסְפָּר (ז)
menos (m)	'minus	מִינוּס (ז)
mais (m)	plus	פְּלוּס (ז)
fórmula (f)	nusχa	נוּסְחָה (נ)

cálculo (m)	χiʃuv	חִישׁוּב (ז)
contar (vt)	lispor	לִסְפּוֹר
calcular (vt)	leχaʃev	לְחַשֵּׁב
comparar (vt)	lehaʃvot	לְהַשְׁווֹת

Quanto, -os, -as?	'kama?	כַּמָה?
soma (f)	sχum	סְכוּם (ז)
resultado (m)	totsa'a	תּוֹצָאָה (נ)
resto (m)	ʃe'erit	שְׁאֵרִית (נ)

alguns, algumas …	'kama	כַּמָה
pouco (~ tempo)	ktsat	קְצָת
poucos, poucas	me'at	מְעַט
um pouco de …	me'at	מְעַט
resto (m)	ʃe'ar	שְׁאָר (ז)
um e meio	eχad va'χetsi	אֶחָד וָחֵצִי (ז)
dúzia (f)	tresar	תְּרֵיסָר (ז)

ao meio	'χetsi 'χetsi	חֲצִי חֲצִי
em partes iguais	ʃave beʃave	שָׁווֶה בְּשָׁווֶה
metade (f)	'χetsi	חֲצִי (ז)
vez (f)	'pa'am	פַּעַם (נ)

10. Os verbos mais importantes. Parte 1

abrir (vt)	lif'toaχ	לִפְתּוֹחַ
acabar, terminar (vt)	lesayem	לְסַיֵּם
aconselhar (vt)	leya'ets	לְיַיֵעֵץ
adivinhar (vt)	lenaχeʃ	לְנַחֵשׁ
advertir (vt)	lehazhir	לְהַזְהִיר

ajudar (vt)	la'azor	לַעֲזוֹר
almoçar (vi)	le'eχol aruχat tsaha'rayim	לֶאֱכוֹל אֲרוּחַת צָהֳרַיִים
alugar (~ um apartamento)	liskor	לִשְׂכּוֹר
amar (pessoa)	le'ehov	לֶאֱהוֹב
ameaçar (vt)	le'ayem	לְאַיֵּם

anotar (escrever)	lirʃom	לִרְשׁוֹם
apressar-se (vr)	lemaher	לְמַהֵר
arrepender-se (vr)	lehitsta'er	לְהִצְטַעֵר
assinar (vt)	laχtom	לַחְתּוֹם
brincar (vi)	lehitba'deaχ	לְהִתְבַּדֵחַ
brincar, jogar (vi, vt)	lesaχek	לְשַׂחֵק
buscar (vt)	leχapes	לְחַפֵּשׂ

caçar (vi)	latsud	לָצוּד
cair (vi)	lipol	לִיפּוֹל
cavar (vt)	laxpor	לַחְפּוֹר
chamar (~ por socorro)	likro	לִקְרוֹא

chegar (vi)	leha'gi'a	לְהַגִּיעַ
chorar (vi)	livkot	לִבְכּוֹת
começar (vt)	lehatxil	לְהַתְחִיל
comparar (vt)	lehaʃvot	לְהַשְׁווֹת
concordar (dizer "sim")	lehaskim	לְהַסְכִּים

confiar (vt)	liv'toax	לִבְטוֹחַ
confundir (equivocar-se)	lehitbalbel	לְהִתְבַּלְבֵּל
conhecer (vt)	lehakir et	לְהַכִּיר אֶת
contar (fazer contas)	lispor	לִסְפּוֹר
contar com ...	lismox al	לִסְמוֹךְ עַל
continuar (vt)	lehamʃix	לְהַמְשִׁיךְ

controlar (vt)	liʃlot	לִשְׁלוֹט
convidar (vt)	lehazmin	לְהַזְמִין
correr (vi)	laruts	לָרוּץ
criar (vt)	litsor	לִיצוֹר
custar (vt)	la'alot	לַעֲלוֹת

11. Os verbos mais importantes. Parte 2

dar (vt)	latet	לָתֵת
dar uma dica	lirmoz	לִרְמוֹז
decorar (enfeitar)	lekaʃet	לְקַשֵּׁט
defender (vt)	lehagen	לְהָגֵן
deixar cair (vt)	lehapil	לְהַפִּיל

descer (para baixo)	la'redet	לָרֶדֶת
desculpar (vt)	lis'loax	לִסְלוֹחַ
desculpar-se (vr)	lehitnatsel	לְהִתְנַצֵּל
dirigir (~ uma empresa)	lenahel	לְנַהֵל
discutir (notícias, etc.)	ladun	לָדוּן

disparar, atirar (vi)	lirot	לִירוֹת
dizer (vt)	lomar	לוֹמַר
duvidar (vt)	lefakpek	לְפַקְפֵּק
encontrar (achar)	limtso	לִמְצוֹא
enganar (vt)	leramot	לְרַמּוֹת

entender (vt)	lehavin	לְהָבִין
entrar (na sala, etc.)	lehikanes	לְהִיכָּנֵס
enviar (uma carta)	liʃ'loax	לִשְׁלוֹחַ
errar (enganar-se)	lit'ot	לִטְעוֹת
escolher (vt)	livxor	לִבְחוֹר

esconder (vt)	lehastir	לְהַסְתִּיר
escrever (vt)	lixtov	לִכְתּוֹב
esperar (aguardar)	lehamtin	לְהַמְתִּין
esperar (ter esperança)	lekavot	לְקַווֹת

esquecer (vt)	liʃkoax	לִשְׁכּוֹחַ
estar (vi)	lihyot	לִהְיוֹת
estudar (vt)	lilmod	לִלְמֹד
exigir (vt)	lidroʃ	לִדְרֹשׁ
existir (vi)	lehitkayem	לְהִתְקַיֵּם
explicar (vt)	lehasbir	לְהַסְבִּיר
falar (vi)	ledaber	לְדַבֵּר
faltar (a la escuela, etc.)	lehaxsir	לְהַחְסִיר
fazer (vt)	la'asot	לַעֲשׂוֹת
ficar em silêncio	liʃtok	לִשְׁתֹּק
gabar-se (vr)	lehitravrev	לְהִתְרַבְרֵב
gostar (apreciar)	limtso xen be'ei'nayim	לִמְצֹא חֵן בְּעֵינַיִם
gritar (vi)	lits'ok	לִצְעֹק
guardar (fotos, etc.)	liʃmor	לִשְׁמֹר
informar (vt)	leho'dia	לְהוֹדִיעַ
insistir (vi)	lehit'akeʃ	לְהִתְעַקֵּשׁ
insultar (vt)	leha'aliv	לְהַעֲלִיב
interessar-se (vr)	lehit'anyen be...	...ְלְהִתְעַנְיֵן בּ
ir (a pé)	la'lexet	לָלֶכֶת
ir nadar	lehitraxets	לְהִתְרַחֵץ
jantar (vi)	le'exol aruxat 'erev	לָאֱכֹל אֲרוּחַת עֶרֶב

12. Os verbos mais importantes. Parte 3

ler (vt)	likro	לִקְרֹא
libertar, liberar (vt)	leʃaxrer	לְשַׁחְרֵר
matar (vt)	laharog	לַהֲרֹג
mencionar (vt)	lehazkir	לְהַזְכִּיר
mostrar (vt)	lehar'ot	לְהַרְאוֹת
mudar (modificar)	leʃanot	לְשַׁנּוֹת
nadar (vi)	lisxot	לִשְׂחוֹת
negar-se a ... (vr)	lesarev	לְסָרֵב
objetar (vt)	lehitnaged	לְהִתְנַגֵּד
observar (vt)	litspot, lehaʃkif	לִצְפּוֹת, לְהַשְׁקִיף
ordenar (mil.)	lifkod	לִפְקֹד
ouvir (vt)	liʃmo'a	לִשְׁמֹעַ
pagar (vt)	leʃalem	לְשַׁלֵּם
parar (vi)	la'atsor	לַעֲצוֹר
parar, cessar (vt)	lehafsik	לְהַפְסִיק
participar (vi)	lehiʃtatef	לְהִשְׁתַּתֵּף
pedir (comida, etc.)	lehazmin	לְהַזְמִין
pedir (um favor, etc.)	levakeʃ	לְבַקֵּשׁ
pegar (tomar)	la'kaxat	לָקַחַת
pegar (uma bola)	litfos	לִתְפֹּס
pensar (vi, vt)	laxʃov	לַחֲשֹׁב
perceber (ver)	lasim lev	לָשִׂים לֵב
perdoar (vt)	lis'loax	לִסְלֹחַ

perguntar (vt)	liʃol	לִשְׁאוֹל
permitir (vt)	leharʃot	לְהַרְשׁוֹת
pertencer a … (vi)	lehiʃtayeχ	לְהִשְׁתַּיֵּךְ
planejar (vt)	letaχnen	לְתַכְנֵן
poder (~ fazer algo)	yaχol	יָכוֹל
possuir (uma casa, etc.)	lihyot 'ba'al ʃel	לִהְיוֹת בַּעַל שֶׁל

preferir (vt)	leha'adif	לְהַעֲדִיף
preparar (vt)	levaʃel	לְבַשֵּׁל
prever (vt)	laχazot	לַחֲזוֹת
prometer (vt)	lehav'tiaχ	לְהַבְטִיחַ
pronunciar (vt)	levate	לְבַטֵּא

propor (vt)	leha'tsi'a	לְהַצִּיעַ
punir (castigar)	leha'aniʃ	לְהַעֲנִישׁ
quebrar (vt)	liʃbor	לִשְׁבּוֹר
queixar-se de …	lehitlonen	לְהִתְלוֹנֵן
querer (desejar)	lirtsot	לִרְצוֹת

13. Os verbos mais importantes. Parte 4

ralhar, repreender (vt)	linzof	לִנְזוֹף
recomendar (vt)	lehamlits	לְהַמְלִיץ
repetir (dizer outra vez)	laχazor al	לַחֲזוֹר עַל
reservar (~ um quarto)	lehazmin meroʃ	לְהַזְמִין מֵרֹאשׁ
responder (vt)	la'anot	לַעֲנוֹת

rezar, orar (vi)	lehitpalel	לְהִתְפַּלֵּל
rir (vi)	litsχok	לִצְחוֹק
roubar (vt)	lignov	לִגְנוֹב
saber (vt)	la'da'at	לָדַעַת
sair (~ de casa)	latset	לָצֵאת

salvar (resgatar)	lehatsil	לְהַצִּיל
seguir (~ alguém)	la'akov aχarei	לַעֲקוֹב אַחֲרֵי
sentar-se (vr)	lehityaʃev	לְהִתְיַישֵׁב
ser (vi)	lihyot	לִהְיוֹת
ser necessário	lehidareʃ	לְהִידָרֵשׁ

significar (vt)	lomar	לוֹמַר
sorrir (vi)	leχayeχ	לְחַיֵּיךְ
subestimar (vt)	leham'it be''ereχ	לְהַמְעִיט בְּעֵרֶךְ
surpreender-se (vr)	lehitpale	לְהִתְפַּלֵּא

tentar (~ fazer)	lenasot	לְנַסּוֹת
ter (vt)	lehaχzik	לְהַחְזִיק
ter fome	lihyot ra'ev	לִהְיוֹת רָעֵב

ter medo	lefaχed	לְפַחֵד
ter sede	lihyot tsame	לִהְיוֹת צָמֵא
tocar (com as mãos)	la'ga'at	לָגַעַת
tomar café da manhã	le'eχol aruχat 'boker	לֶאֱכוֹל אֲרוּחַת בּוֹקֶר
trabalhar (vi)	la'avod	לַעֲבוֹד
traduzir (vt)	letargem	לְתַרְגֵּם

unir (vt)	le'axed	לְאַחֵד
vender (vt)	limkor	לִמְכּוֹר
ver (vt)	lir'ot	לִרְאוֹת
virar (~ para a direita)	lifnot	לִפְנוֹת
voar (vi)	la'uf	לָעוּף

14. Cores

cor (f)	'tseva	צֶבַע (ז)
tom (m)	gavan	גָּוֶן (ז)
tonalidade (m)	gavan	גָּוֶן (ז)
arco-íris (m)	'keʃet	קֶשֶׁת (נ)
branco (adj)	lavan	לָבָן
preto (adj)	ʃaxor	שָׁחוֹר
cinza (adj)	afor	אָפוֹר
verde (adj)	yarok	יָרֹק
amarelo (adj)	tsahov	צָהוֹב
vermelho (adj)	adom	אָדוֹם
azul (adj)	kaxol	כָּחוֹל
azul claro (adj)	taxol	תָּכוֹל
rosa (adj)	varod	וָרֹד
laranja (adj)	katom	כָּתוֹם
violeta (adj)	segol	סָגוֹל
marrom (adj)	xum	חוּם
dourado (adj)	zahov	זָהוֹב
prateado (adj)	kasuf	כָּסוּף
bege (adj)	beʒ	בֶּזׁ'
creme (adj)	be'tseva krem	בְּצֶבַע קְרֵם
turquesa (adj)	turkiz	טוּרְקִיז
vermelho cereja (adj)	bordo	בּוֹרְדוֹ
lilás (adj)	segol	סָגוֹל
carmim (adj)	patol	פָּטוֹל
claro (adj)	bahir	בָּהִיר
escuro (adj)	kehe	כֵּהֶה
vivo (adj)	bohek	בּוֹהֵק
de cor	tsiv'oni	צִבְעוֹנִי
a cores	tsiv'oni	צִבְעוֹנִי
preto e branco (adj)	ʃaxor lavan	שָׁחוֹר-לָבָן
unicolor (de uma só cor)	xad tsiv'i	חַד-צִבְעִי
multicolor (adj)	sasgoni	סַסְגּוֹנִי

15. Questões

Quem?	mi?	מִי?
O que?	ma?	מָה?

Onde?	'eifo?	אֵיפֹה?
Para onde?	le'an?	לְאָן?
De onde?	me''eifo?	מֵאֵיפֹה?
Quando?	matai?	מָתַי?
Para quê?	'lama?	לָמָה?
Por quê?	ma'du'a?	מַדּוּעַ?

Para quê?	biʃvil ma?	בִּשְׁבִיל מָה?
Como?	eiχ, keitsad?	כֵּיצַד? אֵיךְ?
Qual (~ é o problema?)	'eize?	אֵיזֶה?
Qual (~ deles?)	'eize?	אֵיזֶה?

A quem?	lemi?	לְמִי?
De quem?	al mi?	עַל מִי?
Do quê?	al ma?	עַל מָה?
Com quem?	im mi?	עִם מִי?

| Quanto, -os, -as? | 'kama? | כַּמָה? |
| De quem (~ é isto?) | ʃel mi? | שֶׁל מִי? |

16. Preposições

com (prep.)	im	עִם
sem (prep.)	bli, lelo	בְּלִי, לְלֹא
a, para (exprime lugar)	le...	לְ...
sobre (ex. falar ~)	al	עַל
antes de ...	lifnei	לִפְנֵי
em frente de ...	lifnei	לִפְנֵי

debaixo de ...	mi'taχat le...	מִתַּחַת לְ...
sobre (em cima de)	me'al	מֵעַל
em ..., sobre ...	al	עַל
de, do (sou ~ Rio de Janeiro)	mi, me	מ, מ
de (feito ~ pedra)	mi, me	מ, מ

| em (~ 3 dias) | toχ | תוֹךְ |
| por cima de ... | 'dereχ | דֶּרֶךְ |

17. Palavras funcionais. Advérbios. Parte 1

Onde?	'eifo?	אֵיפֹה?
aqui	po, kan	פֹּה, כָּאן
lá, ali	ʃam	שָׁם

| em algum lugar | 'eifo ʃehu | אֵיפֹה שֶׁהוּא |
| em lugar nenhum | beʃum makom | בְּשׁוּם מָקוֹם |

| perto de ... | leyad ... | לְיַד ... |
| perto da janela | leyad haχalon | לְיַד הַחַלּוֹן |

| Para onde? | le'an? | לְאָן? |
| aqui | 'hena, lekan | הֵנָּה; לְכָאן |

para lá	leʃam	לְשָם
daqui	mikan	מִכָּאן
de lá, dali	miʃam	מִשָם
perto	karov	קָרוֹב
longe	raχok	רָחוֹק
perto de …	leyad	לְיַד
à mão, perto	karov	קָרוֹב
não fica longe	lo raχok	לֹא רָחוֹק
esquerdo (adj)	smali	שׂמָאלִי
à esquerda	mismol	מִשׂמֹאל
para a esquerda	'smola	שׂמֹאלָה
direito (adj)	yemani	יְמָנִי
à direita	miyamin	מִיָמִין
para a direita	ya'mina	יָמִינָה
em frente	mika'dima	מִקָדִימָה
da frente	kidmi	קִדמִי
adiante (para a frente)	ka'dima	קָדִימָה
atrás de …	me'aχor	מֵאָחוֹר
de trás	me'aχor	מֵאָחוֹר
para trás	a'χora	אֲחוֹרָה
meio (m), metade (f)	'emtsa	אָמְצַע (ז)
no meio	ba''emtsa	בָּאָמְצַע
do lado	mehatsad	מֵהַצַד
em todo lugar	beχol makom	בְּכָל מָקוֹם
por todos os lados	misaviv	מִסָבִיב
de dentro	mibifnim	מִבִּפנִים
para algum lugar	le'an ʃehu	לְאָן שֶהוּא
diretamente	yaʃar	יָשָר
de volta	baχazara	בַּחֲזָרָה
de algum lugar	me'ei ʃam	מֵאֵי שָם
de algum lugar	me'ei ʃam	מֵאֵי שָם
em primeiro lugar	reʃit	רֵאשִית
em segundo lugar	ʃenit	שֵנִית
em terceiro lugar	ʃliʃit	שלִישִית
de repente	pit'om	פִּתאוֹם
no início	behatslaχa	בַּהַתחָלָה
pela primeira vez	lariʃona	לָרִאשוֹנָה
muito antes de …	zman rav lifnei …	זמַן רַב לִפנֵי …
de novo	meχadaʃ	מֵחָדָש
para sempre	letamid	לְתָמִיד
nunca	af 'pa'am, me'olam	מֵעוֹלָם, אַף פַּעַם
de novo	ʃuv	שוּב
agora	aχʃav, ka'et	עַכשָיו, כָּעֵת

frequentemente	le'itim krovot	לְעִיתִים קְרוֹבוֹת
então	az	אָז
urgentemente	bidχifut	בִּדְחִיפוּת
normalmente	be'dereχ klal	בְּדֶרֶךְ כְּלָל

a propósito, ...	'dereχ 'agav	דֶּרֶךְ אַגַּב
é possível	efʃari	אֶפְשָׁרִי
provavelmente	kanir'e	כַּנִּרְאֶה
talvez	ulai	אוּלַי
além disso, ...	χuʦ mize ...	חוּץ מִזֶּה ...
por isso ...	laχen	לָכֵן
apesar de ...	lamrot ...	לַמְרוֹת ...
graças a ...	hodot le...	הוֹדוֹת לְ...

que (pron.)	ma	מָה
que (conj.)	ʃe	שֶׁ
algo	'maʃehu	מַשֶּׁהוּ
alguma coisa	'maʃehu	מַשֶּׁהוּ
nada	klum	כְּלוּם

quem	mi	מִי
alguém (~ que ...)	'miʃehu, 'miʃehi	מִישֶׁהוּ (ז), מִישֶׁהִי (נ)
alguém (com ~)	'miʃehu, 'miʃehi	מִישֶׁהוּ (ז), מִישֶׁהִי (נ)

ninguém	af eχad, af aχat	אַף אֶחָד (ז), אַף אַחַת (נ)
para lugar nenhum	leʃum makom	לְשׁוּם מָקוֹם
de ninguém	lo ʃayaχ le'af eχad	לֹא שַׁיָּךְ לְאַף אֶחָד
de alguém	ʃel 'miʃehu	שֶׁל מִישֶׁהוּ

tão	kol kaχ	כָּל־כָּךְ
também (gostaria ~ de ...)	gam	גַּם
também (~ eu)	gam	גַּם

18. Palavras funcionais. Advérbios. Parte 2

Por quê?	ma'du'a?	מַדּוּעַ?
por alguma razão	miʃum ma	מִשּׁוּם־מָה
porque ...	miʃum ʃe	מִשּׁוּם שֶׁ
por qualquer razão	lematara 'kolʃehi	לְמַטָּרָה כָּלְשֶׁהִי

e (tu ~ eu)	ve ...	וְ ...
ou (ser ~ não ser)	o	אוֹ
mas (porém)	aval, ulam	אֲבָל, אוּלָם
para (~ a minha mãe)	biʃvil	בִּשְׁבִיל

muito, demais	yoter midai	יוֹתֵר מִדַּי
só, somente	rak	רַק
exatamente	bediyuk	בְּדִיּוּק
cerca de (~ 10 kg)	be"ereχ	בְּעֵרֶךְ

aproximadamente	be"ereχ	בְּעֵרֶךְ
aproximado (adj)	meʃo'ar	מְשׁוֹעָר
quase	kim'at	כִּמְעַט
resto (m)	ʃe'ar	שְׁאָר (ז)

o outro (segundo)	aχer	אַחֵר
outro (adj)	aχer	אַחֵר
cada (adj)	kol	כָּל
qualquer (adj)	kolʃehu	כָּלְשֶׁהוּ
muitos, muitas	harbe	הַרְבֵּה
muito, muitos, muitas	harbe	הַרְבֵּה
muitas pessoas	harbe	הַרְבֵּה
todos	kulam	כּוּלָם
em troca de …	tmurat …	תמוּרַת …
em troca	bitmura	בִּתמוּרָה
à mão	bayad	בַּיָד
pouco provável	safek im	סָפֵק אִם
provavelmente	karov levadai	קָרוֹב לְוַדַאי
de propósito	'davka	דַווקָא
por acidente	bemikre	בְּמִקרֶה
muito	me'od	מְאוֹד
por exemplo	lemaʃal	לְמָשָׁל
entre	bein	בֵּין
entre (no meio de)	be'kerev	בְּקֶרֶב
tanto	kol kaχ harbe	כָּל־כָּך הַרְבֵּה
especialmente	bimyuχad	בְּמיוּחָד

Conceitos básicos. Parte 2

19. Dias da semana

segunda-feira (f)	yom ʃeni	יוֹם שֵׁנִי (ז)
terça-feira (f)	yom ʃliʃi	יוֹם שְׁלִישִׁי (ז)
quarta-feira (f)	yom revi'i	יוֹם רְבִיעִי (ז)
quinta-feira (f)	yom xamiʃi	יוֹם חֲמִישִׁי (ז)
sexta-feira (f)	yom ʃiʃi	יוֹם שִׁישִׁי (ז)
sábado (m)	ʃabat	שַׁבָּת (נ)
domingo (m)	yom riʃon	יוֹם רְאשׁוֹן (ז)
hoje	hayom	הַיּוֹם
amanhã	maxar	מָחָר
depois de amanhã	maxara'tayim	מָחֳרָתַיִם
ontem	etmol	אֶתְמוֹל
anteontem	ʃilʃom	שִׁלְשׁוֹם
dia (m)	yom	יוֹם (ז)
dia (m) de trabalho	yom avoda	יוֹם עֲבוֹדָה (ז)
feriado (m)	yom xag	יוֹם חַג (ז)
dia (m) de folga	yom menuxa	יוֹם מְנוּחָה (ז)
fim (m) de semana	sof ʃa'vu'a	סוֹף שָׁבוּעַ
o dia todo	kol hayom	כָּל הַיּוֹם
no dia seguinte	lamaxarat	לַמָחֳרָת
há dois dias	lifnei yo'mayim	לִפְנֵי יוֹמַיִם
na véspera	'erev	עֶרֶב
diário (adj)	yomyomi	יוֹמְיוֹמִי
todos os dias	midei yom	מְדֵי יוֹם
semana (f)	ʃa'vua	שָׁבוּעַ (ז)
na semana passada	baʃa'vu'a ʃe'avar	בַּשָׁבוּעַ שֶׁעָבַר
semana que vem	baʃa'vu'a haba	בַּשָׁבוּעַ הַבָּא
semanal (adj)	ʃvu'i	שְׁבוּעִי
toda semana	kol ʃa'vu'a	כָּל שָׁבוּעַ
duas vezes por semana	pa'a'mayim beʃa'vu'a	פַּעֲמַיִם בְּשָׁבוּעַ
toda terça-feira	kol yom ʃliʃi	כָּל יוֹם שְׁלִישִׁי

20. Horas. Dia e noite

manhã (f)	'boker	בּוֹקֶר (ז)
de manhã	ba'boker	בַּבּוֹקֶר
meio-dia (m)	tsaha'rayim	צָהֳרַיִם (ז"ר)
à tarde	axar hatsaha'rayim	אַחַר הַצָהֳרַיִם
tardinha (f)	'erev	עֶרֶב (ז)
à tardinha	ba''erev	בָּעֶרֶב

noite (f)	'laila	לַיְלָה (ז)
à noite	ba'laila	בַּלַּיְלָה
meia-noite (f)	xatsot	חֲצוֹת (נ)

segundo (m)	ʃniya	שְׁנִיָּה (נ)
minuto (m)	daka	דַּקָה (נ)
hora (f)	ʃaʿa	שָׁעָה (נ)
meia hora (f)	xatsi ʃaʿa	חֲצִי שָׁעָה (נ)
quarto (m) de hora	'reva ʃaʿa	רֶבַע שָׁעָה (ז)
quinze minutos	xameʃ esre dakot	חָמֵשׁ עֶשְׂרֵה דַּקּוֹת
vinte e quatro horas	yemama	יְמָמָה (נ)

nascer (m) do sol	zrixa	זְרִיחָה (נ)
amanhecer (m)	'ʃaxar	שַׁחַר (ז)
madrugada (f)	'ʃaxar	שַׁחַר (ז)
pôr-do-sol (m)	ʃkiʿa	שְׁקִיעָה (נ)

de madrugada	mukdam ba'boker	מֻקְדָּם בַּבּוֹקֶר
esta manhã	ha'boker	הַבּוֹקֶר
amanhã de manhã	maxar ba'boker	מָחָר בַּבּוֹקֶר

esta tarde	hayom axarei hatzaha'rayim	הַיּוֹם אַחֲרֵי הַצָּהֳרַיִם
à tarde	axar hatsaha'rayim	אַחַר הַצָּהֳרַיִם
amanhã à tarde	maxar axarei hatsaha'rayim	מָחָר אַחֲרֵי הַצָּהֳרַיִם

| esta noite, hoje à noite | ha''erev | הָעֶרֶב |
| amanhã à noite | maxar ba''erev | מָחָר בָּעֶרֶב |

às três horas em ponto	baʃaʿa ʃaloʃ bediyuk	בְּשָׁעָה שָׁלוֹשׁ בְּדִיוּק
por volta das quatro	bisvivot arba	בִּסְבִיבוֹת אַרְבַּע
às doze	ad ʃteim esre	עַד שְׁתֵּים-עֶשְׂרֵה

em vinte minutos	be'od esrim dakot	בְּעוֹד עֶשְׂרִים דַּקּוֹת
em uma hora	be'od ʃaʿa	בְּעוֹד שָׁעָה
a tempo	bazman	בַּזְמָן

… um quarto para	'reva le…	רֶבַע לְ...
dentro de uma hora	tox ʃaʿa	תּוֹךְ שָׁעָה
a cada quinze minutos	kol 'reva ʃaʿa	כָּל רֶבַע שָׁעָה
as vinte e quatro horas	misaviv laʃaʿon	מִסָּבִיב לַשָּׁעוֹן

21. Meses. Estações

janeiro (m)	'yanu'ar	יָנוּאָר (ז)
fevereiro (m)	'febru'ar	פֶבְּרוּאָר (ז)
março (m)	merts	מֶרְץ (ז)
abril (m)	april	אַפְּרִיל (ז)
maio (m)	mai	מַאי (ז)
junho (m)	'yuni	יוּנִי (ז)

julho (m)	'yuli	יוּלִי (ז)
agosto (m)	'ogust	אוֹגוּסְט (ז)
setembro (m)	sep'tember	סֶפְּטֶמְבָּר (ז)
outubro (m)	ok'tober	אוֹקְטוֹבָּר (ז)

novembro (m)	no'vember	נוֹבֶמבֶּר (ז)
dezembro (m)	de'tsember	דֶּצֶמבֶּר (ז)
primavera (f)	aviv	אָבִיב (ז)
na primavera	ba'aviv	בָּאָבִיב
primaveril (adj)	avivi	אֲבִיבִי
verão (m)	'kayits	קַיִץ (ז)
no verão	ba'kayits	בַּקַיִץ
de verão	ketsi	קיצִי
outono (m)	stav	סתָיו (ז)
no outono	bestav	בְּסתָיו
outonal (adj)	stavi	סתָווִי
inverno (m)	'χoref	חוֹרֶף (ז)
no inverno	ba'χoref	בַּחוֹרֶף
de inverno	χorpi	חוֹרפִּי
mês (m)	'χodeʃ	חוֹדֶשׁ (ז)
este mês	ha'χodeʃ	הַחוֹדֶשׁ
mês que vem	ba'χodeʃ haba	בַּחוֹדֶשׁ הַבָּא
no mês passado	ba'χodeʃ ʃe'avar	בַּחוֹדֶשׁ שֶׁעָבַר
um mês atrás	lifnei 'χodeʃ	לִפנֵי חוֹדֶשׁ
em um mês	be'od 'χodeʃ	בְּעוֹד חוֹדֶשׁ
em dois meses	be'od χod'ʃayim	בְּעוֹד חוֹדשַׁיִם
todo o mês	kol ha'χodeʃ	כָּל הַחוֹדֶשׁ
um mês inteiro	kol ha'χodeʃ	כָּל הַחוֹדֶשׁ
mensal (adj)	χodʃi	חוֹדשִׁי
mensalmente	χodʃit	חוֹדשִׁית
todo mês	kol 'χodeʃ	כָּל חוֹדֶשׁ
duas vezes por mês	pa'a'mayim be'χodeʃ	פַּעֲמַיִים בְּחוֹדֶשׁ
ano (m)	ʃana	שָׁנָה (נ)
este ano	haʃana	הַשָׁנָה
ano que vem	baʃana haba'a	בַּשָׁנָה הַבָּאָה
no ano passado	baʃana ʃe'avra	בַּשָׁנָה שֶׁעָברָה
há um ano	lifnei ʃana	לִפנֵי שָׁנָה
em um ano	be'od ʃana	בְּעוֹד שָׁנָה
dentro de dois anos	be'od ʃna'tayim	בְּעוֹד שנָתַיִים
todo o ano	kol haʃana	כָּל הַשָׁנָה
um ano inteiro	kol haʃana	כָּל הַשָׁנָה
cada ano	kol ʃana	כָּל שָׁנָה
anual (adj)	ʃnati	שנָתִי
anualmente	midei ʃana	מִדֵי שָׁנָה
quatro vezes por ano	arba pa'amim be'χodeʃ	אַרבַּע פְּעָמִים בְּחוֹדֶשׁ
data (~ de hoje)	ta'ariχ	תַאֲרִיך (ז)
data (ex. ~ de nascimento)	ta'ariχ	תַאֲרִיך (ז)
calendário (m)	'luaχ ʃana	לוּחַ שָׁנָה (ז)
meio ano	χatsi ʃana	חֲצִי שָׁנָה (ז)
seis meses	ʃiʃa χodaʃim, χatsi ʃana	חֲצִי שָׁנָה, שִׁישָׁה חוֹדשִׁים

| estação (f) | ona | עוֹנָה (נ) |
| século (m) | 'me'a | מֵאָה (נ) |

22. Unidades de medida

peso (m)	miʃkal	מִשְׁקָל (ז)
comprimento (m)	'oreχ	אוֹרֶךְ (ז)
largura (f)	'roχav	רוֹחַב (ז)
altura (f)	'gova	גּוֹבַה (ז)
profundidade (f)	'omek	עוֹמֶק (ז)
volume (m)	'nefaχ	נֶפַח (ז)
área (f)	ʃetaχ	שֶׁטַח (ז)

grama (m)	gram	גְרָם (ז)
miligrama (m)	miligram	מִילִיגְרָם (ז)
quilograma (m)	kilogram	קִילוֹגְרָם (ז)
tonelada (f)	ton	טוֹן (ז)
libra (453,6 gramas)	'pa'und	פָאוּנד (ז)
onça (f)	'unkiya	אוּנקִיָה (נ)

metro (m)	'meter	מֶטֶר (ז)
milímetro (m)	mili'meter	מִילִימֶטֶר (ז)
centímetro (m)	senti'meter	סֶנטִימֶטֶר (ז)
quilômetro (m)	kilo'meter	קִילוֹמֶטֶר (ז)
milha (f)	mail	מַייל (ז)

polegada (f)	intʃ	אִינטש' (ז)
pé (304,74 mm)	'regel	רֶגֶל (נ)
jarda (914,383 mm)	yard	יַרד (ז)

| metro (m) quadrado | 'meter ra'vu'a | מֶטֶר רָבוּעַ (ז) |
| hectare (m) | hektar | הֶקטָר (ז) |

litro (m)	litr	לִיטר (ז)
grau (m)	ma'ala	מַעֲלָה (נ)
volt (m)	volt	ווֹלט (ז)
ampère (m)	amper	אַמפֶר (ז)
cavalo (m) de potência	'koaχ sus	כּוֹחַ סוּס (ז)

quantidade (f)	kamut	כָּמוּת (נ)
um pouco de ...	ktsat ...	קְצָת ...
metade (f)	'χetsi	חֲצִי (ז)

| dúzia (f) | tresar | תְרֵיסָר (ז) |
| peça (f) | yeχida | יְחִידָה (נ) |

| tamanho (m), dimensão (f) | 'godel | גּוֹדֶל (ז) |
| escala (f) | kne mida | קְנֵה מִידָה (ז) |

mínimo (adj)	mini'mali	מִינִימָאלִי
menor, mais pequeno	hakatan beyoter	הַקָטָן בְּיוֹתֵר
médio (adj)	memutsa	מְמוּצָע
máximo (adj)	maksi'mali	מַקסִימָלִי
maior, mais grande	hagadol beyoter	הַגָדוֹל בְּיוֹתֵר

23. Recipientes

pote (m) de vidro	tsin'tsenet	צִנְצֶנֶת (נ)
lata (~ de cerveja)	paχit	פַּחִית (נ)
balde (m)	dli	דְּלִי (ז)
barril (m)	χavit	חָבִית (נ)
bacia (~ de plástico)	gigit	גִּיגִית (נ)
tanque (m)	meiχal	מֵיכָל (ז)
cantil (m) de bolso	meimiya	מֵימִיָּה (נ)
galão (m) de gasolina	'dʒerikan	גְ'רִיקָן (ז)
cisterna (f)	meχalit	מֵיכָלִית (נ)
caneca (f)	'sefel	סֵפֶל (ז)
xícara (f)	'sefel	סֵפֶל (ז)
pires (m)	taχtit	תַּחְתִּית (נ)
copo (m)	kos	כּוֹס (נ)
taça (f) de vinho	ga'vi'a	גָּבִיעַ (ז)
panela (f)	sir	סִיר (ז)
garrafa (f)	bakbuk	בַּקְבּוּק (ז)
gargalo (m)	tsavar habakbuk	צַוָּאר הַבַּקְבּוּק (ז)
jarra (f)	kad	כַּד (ז)
jarro (m)	kankan	קַנְקַן (ז)
recipiente (m)	kli	כְּלִי (ז)
pote (m)	sir 'χeres	סִיר חֶרֶס (ז)
vaso (m)	agartal	אֲגַרְטָל (ז)
frasco (~ de perfume)	tsloχit	צְלוֹחִית (נ)
frasquinho (m)	bakbukon	בַּקְבּוּקוֹן (ז)
tubo (m)	ʃfo'feret	שְׁפוֹפֶרֶת (נ)
saco (ex. ~ de açúcar)	sak	שַׂק (ז)
sacola (~ plastica)	sakit	שַׂקִּית (נ)
maço (de cigarros, etc.)	χafisa	חֲפִיסָה (נ)
caixa (~ de sapatos, etc.)	kufsa	קוּפְסָה (נ)
caixote (~ de madeira)	argaz	אַרְגָּז (ז)
cesto (m)	sal	סַל (ז)

O SER HUMANO

O ser humano. O corpo

24. Cabeça

cabeça (f)	roʃ	רֹאשׁ (ז)
rosto, cara (f)	panim	פָּנִים (ז"ר)
nariz (m)	af	אַף (ז)
boca (f)	pe	פֶּה (ז)
olho (m)	'ayin	עַיִן (נ)
olhos (m pl)	ei'nayim	עֵינַיִים (נ"ר)
pupila (f)	iʃon	אִישׁוֹן (ז)
sobrancelha (f)	gaba	גַּבָּה (נ)
cílio (f)	ris	רִיס (ז)
pálpebra (f)	af'af	עַפְעַף (ז)
língua (f)	laʃon	לָשׁוֹן (נ)
dente (m)	ʃen	שֵׁן (נ)
lábios (m pl)	sfa'tayim	שְׂפָתַיִים (נ"ר)
maçãs (f pl) do rosto	atsamot leχa'yayim	עַצְמוֹת לְחָיַיִם (נ"ר)
gengiva (f)	χani'χayim	חֲנִיכַיִים (ז"ר)
palato (m)	χeχ	חֵךְ (ז)
narinas (f pl)	neχi'rayim	נְחִירַיִים (ז"ר)
queixo (m)	santer	סַנְטֵר (ז)
mandíbula (f)	'leset	לֶסֶת (נ)
bochecha (f)	'leχi	לְחִי (נ)
testa (f)	'metsaχ	מֵצַח (ז)
têmpora (f)	raka	רַקָּה (נ)
orelha (f)	'ozen	אוֹזֶן (נ)
costas (f pl) da cabeça	'oref	עוֹרֶף (ז)
pescoço (m)	tsavar	צַוָּאר (ז)
garganta (f)	garon	גָּרוֹן (ז)
cabelo (m)	se'ar	שֵׂיעָר (ז)
penteado (m)	tis'roket	תִּסְרוֹקֶת (נ)
corte (m) de cabelo	tis'poret	תִּסְפּוֹרֶת (נ)
peruca (f)	pe'a	פֵּאָה (נ)
bigode (m)	safam	שָׂפָם (ז)
barba (f)	zakan	זָקָן (ז)
ter (~ barba, etc.)	legadel	לְגַדֵּל
trança (f)	tsama	צַמָּה (נ)
suíças (f pl)	pe'ot leχa'yayim	פֵּאוֹת לְחָיַיִם (נ"ר)
ruivo (adj)	'dʒindʒi	גִּ'ינגְ'י
grisalho (adj)	kasuf	כָּסוּף

| careca (adj) | ke'reax | קֵירֵחַ |
| calva (f) | ka'raxat | קָרַחַת (נ) |

| rabo-de-cavalo (m) | 'kuku | קוּקוּ (ז) |
| franja (f) | 'poni | פּוֹנִי (ז) |

25. Corpo humano

| mão (f) | kaf yad | כַּף יָד (נ) |
| braço (m) | yad | יָד (נ) |

dedo (m)	'etsba	אֶצְבַּע (נ)
dedo (m) do pé	'bohen	בּוֹהֶן (נ)
polegar (m)	agudal	אֲגוּדָל (ז)
dedo (m) mindinho	'zeret	זֶרֶת (נ)
unha (f)	tsi'poren	צִיפּוֹרֶן (נ)

punho (m)	egrof	אֶגְרוֹף (ז)
palma (f)	kaf yad	כַּף יָד (נ)
pulso (m)	ʃoreʃ kaf hayad	שׁוֹרֶשׁ כַּף הַיָּד (ז)
antebraço (m)	ama	אַמָּה (נ)
cotovelo (m)	marpek	מַרְפֵּק (ז)
ombro (m)	katef	כָּתֵף (נ)

perna (f)	'regel	רֶגֶל (נ)
pé (m)	kaf 'regel	כַּף רֶגֶל (נ)
joelho (m)	'berex	בֶּרֶךְ (נ)
panturrilha (f)	ʃok	שׁוֹק (נ)
quadril (m)	yarex	יָרֵךְ (נ)
calcanhar (m)	akev	עָקֵב (ז)

corpo (m)	guf	גוּף (ז)
barriga (f), ventre (m)	'beten	בֶּטֶן (נ)
peito (m)	xaze	חָזֶה (ז)
seio (m)	ʃad	שַׁד (ז)
lado (m)	tsad	צַד (ז)
costas (dorso)	gav	גַּב (ז)
região (f) lombar	mot'nayim	מוֹתְנַיִים (ז"ר)
cintura (f)	'talya	טַלְיָה (נ)

umbigo (m)	tabur	טַבּוּר (ז)
nádegas (f pl)	axo'rayim	אֲחוֹרַיִים (ז"ר)
traseiro (m)	yaʃvan	יַשְׁבָן (ז)

sinal (m), pinta (f)	nekudat xen	נְקוּדַת חֵן (נ)
sinal (m) de nascença	'ketem leida	כֶּתֶם לֵידָה (ז)
tatuagem (f)	ka'a'ku'a	קַעֲקוּעַ (ז)
cicatriz (f)	tsa'leket	צַלֶּקֶת (נ)

Vestuário & Acessórios

26. Roupa exterior. Casacos

roupa (f)	bgadim	בְּגָדִים (ז״ר)
roupa (f) exterior	levuʃ elyon	לְבוּשׁ עֶלְיוֹן (ז)
roupa (f) de inverno	bigdei 'xoref	בִּגְדֵי חוֹרֶף (ז״ר)
sobretudo (m)	me'il	מְעִיל (ז)
casaco (m) de pele	me'il parva	מְעִיל פַּרְוָה (ז)
jaqueta (f) de pele	me'il parva katsar	מְעִיל פַּרְוָה קָצָר (ז)
casaco (m) acolchoado	me'il pux	מְעִיל פּוּךְ (ז)
casaco (m), jaqueta (f)	me'il katsar	מְעִיל קָצָר (ז)
impermeável (m)	me'il 'geʃem	מְעִיל גֶּשֶׁם (ז)
a prova d'água	amid be'mayim	עָמִיד בְּמַיִם

27. Vestuário de homem & mulher

camisa (f)	xultsa	חוּלְצָה (נ)
calça (f)	mixna'sayim	מִכְנָסַיִם (ז״ר)
jeans (m)	mixnesei 'dʒins	מִכְנְסֵי גִ'ינְס (ז״ר)
paletó, terno (m)	ʒaket	זָ'קֶט (ז)
terno (m)	xalifa	חֲלִיפָה (נ)
vestido (ex. ~ de noiva)	simla	שִׂמְלָה (נ)
saia (f)	xatsa'it	חֲצָאִית (נ)
blusa (f)	xultsa	חוּלְצָה (נ)
casaco (m) de malha	ʒaket 'tsemer	זָ'קֶט צֶמֶר (ז)
casaco, blazer (m)	ʒaket	זָ'קֶט (ז)
camiseta (f)	ti ʃert	טִי שֶׁרְט (ז)
short (m)	mixna'sayim ktsarim	מִכְנָסַיִם קְצָרִים (ז״ר)
training (m)	'trening	טְרֶנִינְג (ז)
roupão (m) de banho	xaluk raxatsa	חָלוּק רַחְצָה (ז)
pijama (m)	pi'dʒama	פִּיגָ'מָה (נ)
suéter (m)	'sveder	סְוֶודֶר (ז)
pulôver (m)	afuda	אֲפוּדָה (נ)
colete (m)	vest	וֶסְט (ז)
fraque (m)	frak	פְרַאק (ז)
smoking (m)	tuk'sido	טוּקְסִידוֹ (ז)
uniforme (m)	madim	מַדִים (ז״ר)
roupa (f) de trabalho	bigdei avoda	בִּגְדֵי עֲבוֹדָה (ז״ר)
macacão (m)	sarbal	סַרְבָּל (ז)
jaleco (m), bata (f)	xaluk	חָלוּק (ז)

28. Vestuário. Roupa interior

roupa (f) íntima	levanim	לְבָנִים (ז״ר)
cueca boxer (f)	taχtonim	תַחְתוֹנִים (ז״ר)
calcinha (f)	taχtonim	תַחְתוֹנִים (ז״ר)
camiseta (f)	gufiya	גוּפִיָה (נ)
meias (f pl)	gar'bayim	גַרְבַּיִם (ז״ר)
camisola (f)	'ktonet 'laila	כְּתוֹנֶת לַיְלָה (נ)
sutiã (m)	χaziya	חֲזִייָה (נ)
meias longas (f pl)	birkon	בִּרְכּוֹן (ז)
meias-calças (f pl)	garbonim	גַרְבּוֹנִים (ז״ר)
meias (~ de nylon)	garbei 'nailon	גַרְבֵּי נָיְלוֹן (ז״ר)
maiô (m)	'beged yam	בֶּגֶד יָם (ז)

29. Adereços de cabeça

chapéu (m), touca (f)	'kova	כּוֹבַע (ז)
chapéu (m) de feltro	'kova 'leved	כּוֹבַע לֶבֶד (ז)
boné (m) de beisebol	'kova 'beisbol	כּוֹבַע בֵּייסְבּוֹל (ז)
boina (~ italiana)	'kova mitsχiya	כּוֹבַע מִצְחִייָה (ז)
boina (ex. ~ basca)	baret	בֶּרֶט (ז)
capuz (m)	bardas	בַּרְדָס (ז)
chapéu panamá (m)	'kova 'tembel	כּוֹבַע טֶמְבֶּל (ז)
touca (f)	'kova 'gerev	כּוֹבַע גֶרֶב (ז)
lenço (m)	mit'paχat	מִטְפַּחַת (נ)
chapéu (m) feminino	'kova	כּוֹבַע (ז)
capacete (m) de proteção	kasda	קַסְדָה (נ)
bibico (m)	kumta	כּוּמְתָה (נ)
capacete (m)	kasda	קַסְדָה (נ)
chapéu-coco (m)	mig'ba'at me'u'gelet	מִגְבַּעַת מְעוּגֶלֶת (נ)
cartola (f)	tsi'linder	צִילִינְדָר (ז)

30. Calçado

calçado (m)	han'ala	הַנְעָלָה (נ)
botinas (f pl), sapatos (m pl)	na'a'layim	נַעֲלַיִים (נ״ר)
sapatos (de salto alto, etc.)	na'a'layim	נַעֲלַיִים (נ״ר)
botas (f pl)	maga'fayim	מַגָפַיִים (ז״ר)
pantufas (f pl)	na'alei 'bayit	נַעֲלֵי בַּיִת (נ״ר)
tênis (~ Nike, etc.)	na'alei sport	נַעֲלֵי סְפּוֹרְט (נ״ר)
tênis (~ Converse)	na'alei sport	נַעֲלֵי סְפּוֹרְט (נ״ר)
sandálias (f pl)	sandalim	סַנְדָלִים (ז״ר)
sapateiro (m)	sandlar	סַנְדְלָר (ז)
salto (m)	akev	עָקֵב (ז)

par (m)	zug	זוּג (ז)
cadarço (m)	sroχ	שְׂרוֹךְ (ז)
amarrar os cadarços	lisroχ	לִשְׂרוֹךְ
calçadeira (f)	kaf na'a'layim	כַּף נַעֲלַיִם (נ)
graxa (f) para calçado	miʃχat na'a'layim	מִשְׁחַת נַעֲלַיִם (נ)

31. Acessórios pessoais

luva (f)	kfafot	כְּפָפוֹת (נ"ר)
mitenes (f pl)	kfafot	כְּפָפוֹת (נ"ר)
cachecol (m)	tsa'if	צָעִיף (ז)
óculos (m pl)	miʃka'fayim	מִשְׁקָפַיִם (ז"ר)
armação (f)	mis'geret	מִסְגֶּרֶת (נ)
guarda-chuva (m)	mitriya	מִטְרִיָּה (נ)
bengala (f)	makel haliχa	מַקֵּל הֲלִיכָה (ז)
escova (f) para o cabelo	miv'reʃet se'ar	מִבְרֶשֶׁת שֵׂיעָר (נ)
leque (m)	menifa	מְנִיפָה (נ)
gravata (f)	aniva	עֲנִיבָה (נ)
gravata-borboleta (f)	anivat parpar	עֲנִיבַת פַּרְפַּר (נ)
suspensórios (m pl)	ktefiyot	כְּתֵפִיּוֹת (נ"ר)
lenço (m)	mimχata	מִמְחָטָה (נ)
pente (m)	masrek	מַסְרֵק (ז)
fivela (f) para cabelo	sikat roʃ	סִיכַּת רֹאשׁ (נ)
grampo (m)	sikat se'ar	סִיכַּת שֵׂעָר (נ)
fivela (f)	avzam	אַבְזָם (ז)
cinto (m)	χagora	חֲגוֹרָה (נ)
alça (f) de ombro	retsu'at katef	רְצוּעַת כָּתֵף (נ)
bolsa (f)	tik	תִּיק (ז)
bolsa (feminina)	tik	תִּיק (ז)
mochila (f)	tarmil	תַּרְמִיל (ז)

32. Vestuário. Diversos

moda (f)	ofna	אוֹפְנָה (נ)
na moda (adj)	ofnati	אוֹפְנָתִי
estilista (m)	me'atsev ofna	מְעַצֵּב אוֹפְנָה (ז)
colarinho (m)	tsavaron	צַוָּוארוֹן (ז)
bolso (m)	kis	כִּיס (ז)
de bolso	ʃel kis	שֶׁל כִּיס
manga (f)	ʃarvul	שַׁרְווּל (ז)
ganchinho (m)	mitle	מִתְלֶה (ז)
bragueta (f)	χanut	חָנוּת (נ)
zíper (m)	roχsan	רוֹכְסָן (ז)
colchete (m)	'keres	קֶרֶס (ז)
botão (m)	kaftor	כַּפְתּוֹר (ז)

botoeira (casa de botão)	lula'a	לוּלָאָה (נ)
soltar-se (vr)	lehitaleʃ	לְהִיתָּלֵשׁ
costurar (vi)	litpor	לִתְפּוֹר
bordar (vt)	lirkom	לִרְקוֹם
bordado (m)	rikma	רִקְמָה (נ)
agulha (f)	'maχat tfira	מַחַט תְּפִירָה (נ)
fio, linha (f)	χut	חוּט (ז)
costura (f)	'tefer	תֶּפֶר (ז)
sujar-se (vr)	lehitlaχleχ	לְהִתְלַכְלֵךְ
mancha (f)	'ketem	כֶּתֶם (ז)
amarrotar-se (vr)	lehitkamet	לְהִתְקַמֵּט
rasgar (vt)	lik'ro'a	לִקְרוֹעַ
traça (f)	aʃ	עָשׁ (ז)

33. Cuidados pessoais. Cosméticos

pasta (f) de dente	miʃχat ʃi'nayim	מִשְׁחַת שִׁינַּיִים (נ)
escova (f) de dente	miv'reʃet ʃi'nayim	מִבְרֶשֶׁת שִׁינַּיִים (נ)
escovar os dentes	leʦaχ'ʦeaχ ʃi'nayim	לְצַחְצֵחַ שִׁינַּיִים
gilete (f)	'ta'ar	תַּעַר (ז)
creme (m) de barbear	'keʦef gi'luaχ	קֶצֶף גִּילּוּחַ (ז)
barbear-se (vr)	lehitga'leaχ	לְהִתְגַּלֵּחַ
sabonete (m)	sabon	סַבּוֹן (ז)
xampu (m)	ʃampu	שַׁמְפּוּ (ז)
tesoura (f)	mispa'rayim	מִסְפָּרַיִים (ז"ר)
lixa (f) de unhas	pʦira	פְּצִירָה (נ)
corta-unhas (m)	gozez ʦipor'nayim	גּוֹזֵז צִיפּוֹרְנַיִים (ז)
pinça (f)	pin'ʦeta	פִּינְצֶטָה (נ)
cosméticos (m pl)	tamrukim	תַּמְרוּקִים (ז"ר)
máscara (f)	maseχa	מַסֵכָה (נ)
manicure (f)	manikur	מָנִיקוּר (ז)
fazer as unhas	la'asot manikur	לַעֲשׂוֹת מָנִיקוּר
pedicure (f)	pedikur	פֶּדִיקוּר (ז)
bolsa (f) de maquiagem	tik ipur	תִּיק אִיפּוּר (ז)
pó (de arroz)	'pudra	פּוּדְרָה (נ)
pó (m) compacto	pudriya	פּוּדְרִיָּיה (נ)
blush (m)	'somek	סוֹמֶק (ז)
perfume (m)	'bosem	בּוֹשֶׂם (ז)
água-de-colônia (f)	mei 'bosem	מֵי בּוֹשֶׂם (ז"ר)
loção (f)	mei panim	מֵי פָּנִים (ז"ר)
colônia (f)	mei 'bosem	מֵי בּוֹשֶׂם (ז"ר)
sombra (f) de olhos	ʦlalit	צְלָלִית (נ)
delineador (m)	ai 'lainer	אַי לַיינֶר (ז)
máscara (f), rímel (m)	'maskara	מַסְקָרָה (נ)
batom (m)	sfaton	שְׂפָתוֹן (ז)

esmalte (m)	'laka letsipor'nayim	לָקָה לְצִיפּוֹרְנַיִים (נ)
laquê (m), spray fixador (m)	tarsis lese'ar	תַּרְסִיס לְשֵׂעָר (ז)
desodorante (m)	de'odo'rant	דָאוֹדוֹרַנט (ז)

creme (m)	krem	קְרֶם (ז)
creme (m) de rosto	krem panim	קְרֶם פָּנִים (ז)
creme (m) de mãos	krem ya'dayim	קְרֶם יָדַיִים (ז)
creme (m) antirrugas	krem 'neged kmatim	קְרֶם נֶגֶד קְמָטִים (ז)
creme (m) de dia	krem yom	קְרֶם יוֹם (ז)
creme (m) de noite	krem 'laila	קְרֶם לַיְלָה (ז)
de dia	yomi	יוֹמִי
da noite	leili	לֵילִי

absorvente (m) interno	tampon	טַמְפּוֹן (ז)
papel (m) higiênico	neyar tu'alet	נְיָיר טוּאָלֶט (ז)
secador (m) de cabelo	meyabef se'ar	מְיַבֵּשׁ שֵׂעָר (ז)

34. Relógios de pulso. Relógios

relógio (m) de pulso	feon yad	שְׁעוֹן יָד (ז)
mostrador (m)	'luax fa'on	לוּחַ שָׁעוֹן (ז)
ponteiro (m)	maxog	מָחוֹג (ז)
bracelete (em aço)	tsamid	צָמִיד (ז)
bracelete (em couro)	retsu'a lefa'on	רְצוּעָה לְשָׁעוֹן (נ)

pilha (f)	solela	סוֹלְלָה (נ)
acabar (vi)	lehitroken	לְהִתְרוֹקֵן
trocar a pilha	lehaxlif	לְהַחְלִיף
estar adiantado	lemaher	לְמַהֵר
estar atrasado	lefager	לְפַגֵּר

relógio (m) de parede	feon kir	שְׁעוֹן קִיר (ז)
ampulheta (f)	feon xol	שְׁעוֹן חוֹל (ז)
relógio (m) de sol	fe'on 'femef	שְׁעוֹן שֶׁמֶשׁ (ז)
despertador (m)	fa'on me'orer	שְׁעוֹן מְעוֹרֵר (ז)
relojoeiro (m)	fa'an	שַׁעָן (ז)
reparar (vt)	letaken	לְתַקֵּן

Alimentação. Nutrição

35. Comida

Português	Transliteração	Hebraico
carne (f)	basar	בָּשָׂר (ז)
galinha (f)	of	עוֹף (ז)
frango (m)	pargit	פַּרְגִית (נ)
pato (m)	barvaz	בַּרְוָז (ז)
ganso (m)	avaz	אֲוָז (ז)
caça (f)	'tsayid	צַיִד (ז)
peru (m)	'hodu	הוֹדוּ (ז)

carne (f) de porco	basar xazir	בָּשָׂר חֲזִיר (ז)
carne (f) de vitela	basar 'egel	בָּשָׂר עֵגֶל (ז)
carne (f) de carneiro	basar 'keves	בָּשָׂר כֶּבֶשׂ (ז)
carne (f) de vaca	bakar	בָּקָר (ז)
carne (f) de coelho	arnav	אַרְנָב (ז)

linguiça (f), salsichão (m)	naknik	נַקְנִיק (ז)
salsicha (f)	naknikiya	נַקְנִיקִיָה (נ)
bacon (m)	'kotel xazir	קוֹתֶל חֲזִיר (ז)
presunto (m)	basar xazir me'uʃan	בָּשָׂר חֲזִיר מְעוּשָׁן (ז)
pernil (m) de porco	'kotel xazir me'uʃan	קוֹתֶל חֲזִיר מְעוּשָׁן (ז)

patê (m)	pate	פָּטֶה (ז)
fígado (m)	kaved	כָּבֵד (ז)
guisado (m)	basar taxun	בָּשָׂר טָחוּן (ז)
língua (f)	laʃon	לָשׁוֹן (נ)

ovo (m)	beitsa	בֵּיצָה (נ)
ovos (m pl)	beitsim	בֵּיצִים (נ"ר)
clara (f) de ovo	xelbon	חֶלְבּוֹן (ז)
gema (f) de ovo	xelmon	חֶלְמוֹן (ז)

peixe (m)	dag	דָג (ז)
mariscos (m pl)	perot yam	פֵּירוֹת יָם (ז"ר)
crustáceos (m pl)	sartana'im	סַרְטָנָאִים (ז"ר)
caviar (m)	kavyar	קַווְיָאר (ז)

caranguejo (m)	sartan yam	סַרְטָן יָם (ז)
camarão (m)	ʃrimps	שְׁרִימְפְּס (ז"ר)
ostra (f)	tsidpat ma'axal	צִדְפַּת מַאֲכָל (נ)
lagosta (f)	'lobster kotsani	לוֹבְּסְטֶר קוֹצָנִי (ז)
polvo (m)	tamnun	תַמְנוּן (ז)
lula (f)	kala'mari	קָלָמָארִי (ז)

esturjão (m)	basar haxidkan	בָּשָׂר הַחִדְקָן (ז)
salmão (m)	'salmon	סַלְמוֹן (ז)
halibute (m)	putit	פּוּטִית (נ)
bacalhau (m)	ʃibut	שִׁיבּוּט (ז)

cavala, sarda (f)	kolyas	קוֹלְיָס (ז)
atum (m)	'tuna	טוּנָה (נ)
enguia (f)	tslofax	צְלוֹפַח (ז)
truta (f)	forel	פּוֹרֶל (ז)
sardinha (f)	sardin	סַרְדִּין (ז)
lúcio (m)	ze'ev 'mayim	זְאֵב מַיִם (ז)
arenque (m)	ma'liax	מָלִיחַ (ז)
pão (m)	'lexem	לֶחֶם (ז)
queijo (m)	gvina	גְּבִינָה (נ)
açúcar (m)	sukar	סוּכָּר (ז)
sal (m)	'melax	מֶלַח (ז)
arroz (m)	'orez	אוֹרֶז (ז)
massas (f pl)	'pasta	פַּסְטָה (נ)
talharim, miojo (m)	irtiyot	אִטְרִיּוֹת (נ"ר)
manteiga (f)	xem'a	חֶמְאָה (נ)
óleo (m) vegetal	'ʃemen tsimxi	שֶׁמֶן צִמְחִי (ז)
óleo (m) de girassol	'ʃemen xamaniyot	שֶׁמֶן חַמָּנִיּוֹת (ז)
margarina (f)	marga'rina	מַרְגָּרִינָה (נ)
azeitonas (f pl)	zeitim	זֵיתִים (ז"ר)
azeite (m)	'ʃemen 'zayit	שֶׁמֶן זַיִת (ז)
leite (m)	xalav	חָלָב (ז)
leite (m) condensado	xalav merukaz	חָלָב מְרוּכָּז (ז)
iogurte (m)	'yogurt	יוֹגוּרְט (ז)
creme (m) azedo	ʃa'menet	שַׁמֶּנֶת (נ)
creme (m) de leite	ʃa'menet	שַׁמֶּנֶת (נ)
maionese (f)	mayonez	מָיוֹנֶז (ז)
creme (m)	ka'tsefet xem'a	קַצֶּפֶת חֶמְאָה (נ)
grãos (m pl) de cereais	grisim	גְּרִיסִים (ז"ר)
farinha (f)	'kemax	קֶמַח (ז)
enlatados (m pl)	ʃimurim	שִׁמּוּרִים (ז"ר)
flocos (m pl) de milho	ptitei 'tiras	פְּתִיתֵי תִּירָס (ז"ר)
mel (m)	dvaʃ	דְּבַשׁ (ז)
geleia (m)	riba	רִיבָּה (נ)
chiclete (m)	'mastik	מַסְטִיק (ז)

36. Bebidas

água (f)	'mayim	מַיִם (ז"ר)
água (f) potável	mei ʃtiya	מֵי שְׁתִיָּה (ז"ר)
água (f) mineral	'mayim mine'raliyim	מַיִם מִינֶרָלִיִּים (ז"ר)
sem gás (adj)	lo mugaz	לֹא מוּגָז
gaseificada (adj)	mugaz	מוּגָז
com gás	mugaz	מוּגָז
gelo (m)	'kerax	קֶרַח (ז)

com gelo	im 'keraχ	עִם קֶרַח
não alcoólico (adj)	natul alkohol	נָטוּל אַלְכּוֹהוֹל
refrigerante (m)	maʃke kal	מַשְׁקֶה קַל (ז)
refresco (m)	maʃke meraʿanen	מַשְׁקֶה מְרַעֲנֵן (ז)
limonada (f)	limo'nada	לִימוֹנָדָה (נ)
bebidas (f pl) alcoólicas	maʃka'ot χarifim	מַשְׁקָאוֹת חֲרִיפִים (ז״ר)
vinho (m)	'yayin	יַיִן (ז)
vinho (m) branco	'yayin lavan	יַיִן לָבָן (ז)
vinho (m) tinto	'yayin adom	יַיִן אָדוֹם (ז)
licor (m)	liker	לִיקֶר (ז)
champanhe (m)	ʃam'panya	שַׁמְפַּנְיָה (נ)
vermute (m)	'vermut	וֶרְמוּט (ז)
uísque (m)	'viski	וִיסְקִי (ז)
vodca (f)	'vodka	וֹדְקָה (נ)
gim (m)	dʒin	גִ׳ין (ז)
conhaque (m)	'konyak	קוֹנְיָאק (ז)
rum (m)	rom	רוֹם (ז)
café (m)	kafe	קָפֶה (ז)
café (m) preto	kafe ʃaχor	קָפֶה שָׁחוֹר (ז)
café (m) com leite	kafe hafuχ	קָפֶה הָפוּךְ (ז)
cappuccino (m)	kapu'tʃino	קָפוּצִ׳ינוֹ (ז)
café (m) solúvel	kafe names	קָפֶה נָמֵס (ז)
leite (m)	χalav	חָלָב (ז)
coquetel (m)	kokteil	קוֹקְטֵיל (ז)
batida (f), milkshake (m)	'milkʃeik	מִילְקְשֵׁייק (ז)
suco (m)	mits	מִיץ (ז)
suco (m) de tomate	mits agvaniyot	מִיץ עַגְבָנִיּוֹת (ז)
suco (m) de laranja	mits tapuzim	מִיץ תַּפּוּזִים (ז)
suco (m) fresco	mits saχut	מִיץ סָחוּט (ז)
cerveja (f)	'bira	בִּירָה (נ)
cerveja (f) clara	'bira bahira	בִּירָה בְּהִירָה (נ)
cerveja (f) preta	'bira keha	בִּירָה כֵּהָה (נ)
chá (m)	te	תֶּה (ז)
chá (m) preto	te ʃaχor	תֶּה שָׁחוֹר (ז)
chá (m) verde	te yarok	תֶּה יָרוֹק (ז)

37. Vegetais

vegetais (m pl)	yerakot	יְרָקוֹת (ז״ר)
verdura (f)	'yerek	יֶרֶק (ז)
tomate (m)	agvaniya	עַגְבָנִיָּה (נ)
pepino (m)	melafefon	מְלָפְפוֹן (ז)
cenoura (f)	'gezer	גֶּזֶר (ז)
batata (f)	ta'puaχ adama	תַּפּוּחַ אֲדָמָה (ז)
cebola (f)	batsal	בָּצָל (ז)

alho (m)	ʃum	שׁוּם (ז)
couve (f)	kruv	כְּרוּב (ז)
couve-flor (f)	kruvit	כְּרוּבִית (נ)
couve-de-bruxelas (f)	kruv niʦanim	כְּרוּב נִצָּנִים (ז)
brócolis (m pl)	'brokoli	בְּרוֹקוֹלִי (ז)
beterraba (f)	'selek	סֶלֶק (ז)
berinjela (f)	χaʦil	חָצִיל (ז)
abobrinha (f)	kiʃu	קִישוּא (ז)
abóbora (f)	'dla'at	דְּלַעַת (נ)
nabo (m)	'lefet	לֶפֶת (נ)
salsa (f)	petro'zilya	פֶּטְרוֹזִילְיָה (נ)
endro, aneto (m)	ʃamir	שָׁמִיר (ז)
alface (f)	'χasa	חַסָּה (נ)
aipo (m)	'seleri	סֶלֶרִי (ז)
aspargo (m)	aspa'ragos	אַסְפָּרָגוֹס (ז)
espinafre (m)	'tered	תֶּרֶד (ז)
ervilha (f)	afuna	אֲפוּנָה (נ)
feijão (~ soja, etc.)	pol	פּוֹל (ז)
milho (m)	'tiras	תִּירָס (ז)
feijão (m) roxo	ʃu'it	שְׁעוּעִית (נ)
pimentão (m)	'pilpel	פִּלְפֵּל (ז)
rabanete (m)	ʦnonit	צְנוֹנִית (נ)
alcachofra (f)	artiʃok	אַרְטִישוֹק (ז)

38. Frutos. Nozes

fruta (f)	pri	פְּרִי (ז)
maçã (f)	ta'puaχ	תַּפּוּחַ (ז)
pera (f)	agas	אַגָּס (ז)
limão (m)	limon	לִימוֹן (ז)
laranja (f)	tapuz	תַּפּוּז (ז)
morango (m)	tut sade	תּוּת שָׂדֶה (ז)
tangerina (f)	klemen'tina	קְלֶמֶנְטִינָה (נ)
ameixa (f)	ʃezif	שְׁזִיף (ז)
pêssego (m)	afarsek	אֲפַרְסֵק (ז)
damasco (m)	'miʃmeʃ	מִשְׁמֵשׁ (ז)
framboesa (f)	'petel	פֶּטֶל (ז)
abacaxi (m)	'ananas	אֲנָנָס (ז)
banana (f)	ba'nana	בַּנָנָה (נ)
melancia (f)	ava'tiaχ	אֲבַטִּיחַ (ז)
uva (f)	anavim	עֲנָבִים (ז"ר)
ginja (f)	duvdevan	דּוּבְדְּבָן (ז)
cereja (f)	gudgedan	גּוּדְגְּדָן (ז)
melão (m)	melon	מֶלוֹן (ז)
toranja (f)	eʃkolit	אֶשְׁכּוֹלִית (נ)
abacate (m)	avo'kado	אֲבוֹקָדוֹ (ז)
mamão (m)	pa'paya	פַּפָּאיָה (נ)

Português	Transliteração	Hebraico
manga (f)	'mango	מַנְגּוֹ (ז)
romã (f)	rimon	רִימוֹן (ז)
groselha (f) vermelha	dumdemanit aduma	דּוּמְדְּמָנִית אֲדוּמָה (נ)
groselha (f) negra	dumdemanit ʃχora	דּוּמְדְּמָנִית שְׁחוֹרָה (נ)
groselha (f) espinhosa	χazarzar	חֲזַרְזַר (ז)
mirtilo (m)	uχmanit	אוּכְמָנִית (נ)
amora (f) silvestre	'petel ʃaχor	פֶּטֶל שָׁחוֹר (ז)
passa (f)	tsimukim	צִימּוּקִים (ז"ר)
figo (m)	te'ena	תְּאֵנָה (נ)
tâmara (f)	tamar	תָּמָר (ז)
amendoim (m)	botnim	בּוֹטְנִים (ז"ר)
amêndoa (f)	ʃaked	שָׁקֵד (ז)
noz (f)	egoz 'meleχ	אֱגוֹז מֶלֶךְ (ז)
avelã (f)	egoz ilsar	אֱגוֹז אִלְסָר (ז)
coco (m)	'kokus	קוֹקוּס (ז)
pistaches (m pl)	'fistuk	פִּיסְטוּק (ז)

39. Pão. Bolaria

Português	Transliteração	Hebraico
pastelaria (f)	mutsrei kondi'torya	מוּצְרֵי קוֹנְדִּיטוֹרְיָה (ז"ר)
pão (m)	'leχem	לֶחֶם (ז)
biscoito (m), bolacha (f)	ugiya	עוּגִיָּה (נ)
chocolate (m)	'ʃokolad	שׁוֹקוֹלָד (ז)
de chocolate	mi'ʃokolad	מְשׁוֹקוֹלָד
bala (f)	sukariya	סוּכָּרִיָּה (נ)
doce (bolo pequeno)	uga	עוּגָה (נ)
bolo (m) de aniversário	uga	עוּגָה (נ)
torta (f)	pai	פַּאי (ז)
recheio (m)	milui	מִילּוּי (ז)
geleia (m)	riba	רִיבָּה (נ)
marmelada (f)	marme'lada	מַרְמֶלָדָה (נ)
wafers (m pl)	'vaflim	וָפְלִים (ז"ר)
sorvete (m)	'glida	גְלִידָה (נ)
pudim (m)	'puding	פּוּדִינג (ז)

40. Pratos cozinhados

Português	Transliteração	Hebraico
prato (m)	mana	מָנָה (נ)
cozinha (~ portuguesa)	mitbaχ	מִטְבָּח (ז)
receita (f)	matkon	מַתְכּוֹן (ז)
porção (f)	mana	מָנָה (נ)
salada (f)	salat	סָלָט (ז)
sopa (f)	marak	מָרָק (ז)
caldo (m)	marak tsaχ, tsir	מָרָק צַח, צִיר (ז)
sanduíche (m)	kariχ	כָּרִיךְ (ז)

ovos (m pl) fritos	beitsat ain	בֵּיצַת עַיִן (נ)
hambúrguer (m)	'hamburger	הַמְבּוּרְגֶר (ז)
bife (m)	umtsa, steik	אוּמְצָה (נ), סְטֵייק (ז)

acompanhamento (m)	to'sefet	תּוֹסֶפֶת (נ)
espaguete (m)	spa'geti	סְפָּגֶטִי (ז)
purê (m) de batata	meχit tapuχei adama	מְחִית תַּפּוּחֵי אֲדָמָה (נ)
pizza (f)	'pitsa	פִּיצָה (נ)
mingau (m)	daysa	דַּייסָה (נ)
omelete (f)	χavita	חֲבִיתָה (נ)

fervido (adj)	mevuʃal	מְבוּשָׁל
defumado (adj)	me'uʃan	מְעוּשָׁן
frito (adj)	metugan	מְטוּגָּן
seco (adj)	meyubaʃ	מְיוּבָּשׁ
congelado (adj)	kafu	קָפוּא
em conserva (adj)	kavuʃ	כָּבוּשׁ

doce (adj)	matok	מָתוֹק
salgado (adj)	ma'luaχ	מָלוּחַ
frio (adj)	kar	קַר
quente (adj)	χam	חַם
amargo (adj)	marir	מָרִיר
gostoso (adj)	ta'im	טָעִים

cozinhar em água fervente	levaʃel be'mayim rotχim	לְבַשֵּׁל בְּמַיִם רוֹתְחִים
preparar (vt)	levaʃel	לְבַשֵּׁל
fritar (vt)	letagen	לְטַגֵּן
aquecer (vt)	leχamem	לְחַמֵּם

salgar (vt)	leham'liaχ	לְהַמְלִיחַ
apimentar (vt)	lefalpel	לְפַלְפֵּל
ralar (vt)	lerasek	לְרַסֵּק
casca (f)	klipa	קְלִיפָּה (נ)
descascar (vt)	lekalef	לְקַלֵּף

41. Especiarias

sal (m)	'melaχ	מֶלַח (ז)
salgado (adj)	ma'luaχ	מָלוּחַ
salgar (vt)	leham'liaχ	לְהַמְלִיחַ

pimenta-do-reino (f)	'pilpel ʃaχor	פִּלְפֵּל שָׁחוֹר (ז)
pimenta (f) vermelha	'pilpel adom	פִּלְפֵּל אָדוֹם (ז)
mostarda (f)	χardal	חַרְדָּל (ז)
raiz-forte (f)	χa'zeret	חֲזֶרֶת (נ)

condimento (m)	'rotev	רוֹטֶב (ז)
especiaria (f)	tavlin	תַּבְלִין (ז)
molho (~ inglês)	'rotev	רוֹטֶב (ז)
vinagre (m)	'χomets	חוֹמֶץ (ז)

anis estrelado (m)	kamnon	כַּמְנוֹן (ז)
manjericão (m)	reχan	רֵיחָן (ז)

cravo (m)	tsi'poren	צִיפּוֹרֶן (ז)
gengibre (m)	'dʒindʒer	גִ'ינגֶ'ר (ז)
coentro (m)	'kusbara	כּוּסְבָּרָה (נ)
canela (f)	kinamon	קִינָמוֹן (ז)

gergelim (m)	'ʃumʃum	שׁוּמְשׁוֹם (ז)
folha (f) de louro	ale dafna	עֲלֵה דַּפְנָה (ז)
páprica (f)	'paprika	פַּפְּרִיקָה (נ)
cominho (m)	'kimel	קִימֶל (ז)
açafrão (m)	ze'afran	זַעֲפְרָן (ז)

42. Refeições

| comida (f) | 'oχel | אוֹכֶל (ז) |
| comer (vt) | le'eχol | לֶאֱכוֹל |

café (m) da manhã	aruχat 'boker	אֲרוּחַת בּוֹקֶר (נ)
tomar café da manhã	le'eχol aruχat 'boker	לֶאֱכוֹל אֲרוּחַת בּוֹקֶר
almoço (m)	aruχat tsaha'rayim	אֲרוּחַת צָהֳרַיִם (נ)
almoçar (vi)	le'eχol aruχat tsaha'rayim	לֶאֱכוֹל אֲרוּחַת צָהֳרַיִם
jantar (m)	aruχat 'erev	אֲרוּחַת עֶרֶב (נ)
jantar (vi)	le'eχol aruχat 'erev	לֶאֱכוֹל אֲרוּחַת עֶרֶב

| apetite (m) | te'avon | תֵּיאָבוֹן (ז) |
| Bom apetite! | betei'avon! | בְּתֵיאָבוֹן! |

abrir (~ uma lata, etc.)	lif'toaχ	לִפְתּוֹחַ
derramar (~ líquido)	liʃpoχ	לִשְׁפּוֹךְ
derramar-se (vr)	lehiʃapeχ	לְהִישָׁפֵךְ

ferver (vi)	lir'toaχ	לִרְתּוֹחַ
ferver (vt)	lehar'tiaχ	לְהַרְתִּיחַ
fervido (adj)	ra'tuaχ	רָתוּחַ

| esfriar (vt) | lekarer | לְקָרֵר |
| esfriar-se (vr) | lehitkarer | לְהִתְקָרֵר |

| sabor, gosto (m) | 'ta‘am | טַעַם (ז) |
| fim (m) de boca | 'ta‘am levai | טַעַם לְוַואי (ז) |

emagrecer (vi)	lirzot	לִרְזוֹת
dieta (f)	di''eta	דִּיאֶטָה (נ)
vitamina (f)	vitamin	וִיטָמִין (ז)
caloria (f)	ka'lorya	קָלוֹרִיָה (נ)

| vegetariano (m) | tsimχoni | צִמְחוֹנִי (ז) |
| vegetariano (adj) | tsimχoni | צִמְחוֹנִי |

gorduras (f pl)	ʃumanim	שׁוּמָנִים (ז"ר)
proteínas (f pl)	χelbonim	חֶלְבּוֹנִים (ז"ר)
carboidratos (m pl)	paχmema	פַּחְמֵימָה (נ)
fatia (~ de limão, etc.)	prusa	פְּרוּסָה (נ)
pedaço (~ de bolo)	χatiχa	חֲתִיכָה (נ)
migalha (f), farelo (m)	perur	פֵּירוּר (ז)

43. Por a mesa

colher (f)	kaf	כַּף (ז)
faca (f)	sakin	סַכִּין (נ, ז)
garfo (m)	mazleg	מַזְלֵג (ז)
xícara (f)	'sefel	סֵפֶל (ז)
prato (m)	tsa'laxat	צַלַחַת (נ)
pires (m)	taxtit	תַּחְתִּית (נ)
guardanapo (m)	mapit	מַפִּית (נ)
palito (m)	keisam ʃi'nayim	קֵיסָם שִׁינַּיִים (ז)

44. Restaurante

restaurante (m)	mis'ada	מִסְעָדָה (נ)
cafeteria (f)	beit kafe	בֵּית קָפֶה (ז)
bar (m), cervejaria (f)	bar, pab	בָּר, פָּאב (ז)
salão (m) de chá	beit te	בֵּית תֵּה (ז)
garçom (m)	meltsar	מֶלְצָר (ז)
garçonete (f)	meltsarit	מֶלְצָרִית (נ)
barman (m)	'barmen	בָּרְמָן (ז)
cardápio (m)	tafrit	תַּפְרִיט (ז)
lista (f) de vinhos	reʃimat yeynot	רְשִׁימַת יֵינוֹת (נ)
reservar uma mesa	lehazmin ʃulxan	לְהַזְמִין שׁוּלְחָן
prato (m)	mana	מָנָה (נ)
pedir (vt)	lehazmin	לְהַזְמִין
fazer o pedido	lehazmin	לְהַזְמִין
aperitivo (m)	maʃke meta'aven	מַשְׁקֶה מְתַאֲבֵן (ז)
entrada (f)	meta'aven	מְתַאֲבֵן (ז)
sobremesa (f)	ki'nuax	קִינּוּחַ (ז)
conta (f)	xeʃbon	חֶשְׁבּוֹן (ז)
pagar a conta	leʃalem	לְשַׁלֵּם
dar o troco	latet 'odef	לָתֵת עוֹדֶף
gorjeta (f)	tip	טִיפ (ז)

Família, parentes e amigos

45. Informação pessoal. Formulários

nome (m)	ʃem	שֵׁם (ז)
sobrenome (m)	ʃem miʃpaχa	שֵׁם מִשְׁפָּחָה (ז)
data (f) de nascimento	ta'ariχ leda	תַּאֲרִיךְ לֵידָה (ז)
local (m) de nascimento	mekom leda	מְקוֹם לֵידָה (ז)
nacionalidade (f)	le'om	לְאוֹם (ז)
lugar (m) de residência	mekom megurim	מְקוֹם מְגוּרִים (ז)
país (m)	medina	מְדִינָה (נ)
profissão (f)	mik'tso'a	מִקְצוֹעַ (ז)
sexo (m)	min	מִין (ז)
estatura (f)	'gova	גּוֹבַה (ז)
peso (m)	miʃkal	מִשְׁקָל (ז)

46. Membros da família. Parentes

mãe (f)	em	אֵם (נ)
pai (m)	av	אָב (ז)
filho (m)	ben	בֵּן (ז)
filha (f)	bat	בַּת (נ)
caçula (f)	habat haktana	הַבַּת הַקְּטַנָּה (נ)
caçula (m)	haben hakatan	הַבֵּן הַקָּטָן (ז)
filha (f) mais velha	habat habχora	הַבַּת הַבְּכוֹרָה (נ)
filho (m) mais velho	haben habχor	הַבֵּן הַבְּכוֹר (ז)
irmão (m)	aχ	אָח (ז)
irmão (m) mais velho	aχ gadol	אָח גָּדוֹל (ז)
irmão (m) mais novo	aχ katan	אָח קָטָן (ז)
irmã (f)	aχot	אָחוֹת (נ)
irmã (f) mais velha	aχot gdola	אָחוֹת גְדוֹלָה (נ)
irmã (f) mais nova	aχot ktana	אָחוֹת קְטַנָּה (נ)
primo (m)	ben dod	בֶּן דּוֹד (ז)
prima (f)	bat 'doda	בַּת דּוֹדָה (נ)
mamãe (f)	'ima	אִמָּא (נ)
papai (m)	'aba	אַבָּא (ז)
pais (pl)	horim	הוֹרִים (ז"ר)
criança (f)	'yeled	יֶלֶד (ז)
crianças (f pl)	yeladim	יְלָדִים (ז"ר)
avó (f)	'savta	סָבְתָא (נ)
avô (m)	'saba	סָבָּא (ז)
neto (m)	'neχed	נֶכֶד (ז)

neta (f)	neχda	נֶבְדָה (נ)
netos (pl)	neχadim	נֶבָדִים (ז"ר)
tio (m)	dod	דּוֹד (ז)
tia (f)	'doda	דּוֹדָה (נ)
sobrinho (m)	aχyan	אַחְיָין (ז)
sobrinha (f)	aχyanit	אַחְיָינִית (נ)
sogra (f)	χamot	חָמוֹת (נ)
sogro (m)	χam	חָם (ז)
genro (m)	χatan	חָתָן (ז)
madrasta (f)	em χoreget	אֵם חוֹרֶגֶת (נ)
padrasto (m)	av χoreg	אָב חוֹרֵג (ז)
criança (f) de colo	tinok	תִּינוֹק (ז)
bebê (m)	tinok	תִּינוֹק (ז)
menino (m)	pa'ot	פָּעוֹט (ז)
mulher (f)	iʃa	אִשָּׁה (נ)
marido (m)	'ba'al	בַּעַל (ז)
esposo (m)	ben zug	בֶּן זוּג (ז)
esposa (f)	bat zug	בַּת זוּג (נ)
casado (adj)	nasui	נָשׂוּי
casada (adj)	nesu'a	נְשׂוּאָה
solteiro (adj)	ravak	רַוָּק
solteirão (m)	ravak	רַוָּק (ז)
divorciado (adj)	garuʃ	גָּרוּשׁ
viúva (f)	almana	אַלְמָנָה (נ)
viúvo (m)	alman	אַלְמָן (ז)
parente (m)	karov miʃpaχa	קָרוֹב מִשְׁפָּחָה (ז)
parente (m) próximo	karov miʃpaχa	קָרוֹב מִשְׁפָּחָה (ז)
parente (m) distante	karov raχok	קָרוֹב רָחוֹק (ז)
parentes (m pl)	krovei miʃpaχa	קְרוֹבֵי מִשְׁפָּחָה (ז"ר)
órfão (m), órfã (f)	yatom	יָתוֹם (ז)
órfão (m)	yatom	יָתוֹם (ז)
órfã (f)	yetoma	יְתוֹמָה (נ)
tutor (m)	apo'tropos	אַפּוֹטְרוֹפּוֹס (ז)
adotar (um filho)	le'amets	לְאַמֵּץ
adotar (uma filha)	le'amets	לְאַמֵּץ

Medicina

47. Doenças

Português	Transcrição	Hebraico
doença (f)	maχala	מַחֲלָה (נ)
estar doente	lihyot χole	לִהְיוֹת חוֹלֶה
saúde (f)	bri'ut	בְּרִיאוּת (נ)
nariz (m) escorrendo	na'zelet	נַזֶּלֶת (נ)
amigdalite (f)	da'leket ʃkedim	דַּלֶּקֶת שְׁקֵדִים (נ)
resfriado (m)	hitstanenut	הִצְטַנְּנוּת (נ)
ficar resfriado	lehitstanen	לְהִצְטַנֵּן
bronquite (f)	bron'χitis	בְּרוֹנְכִיטִיס (ז)
pneumonia (f)	da'leket re'ot	דַּלֶּקֶת רֵיאוֹת (נ)
gripe (f)	ʃa'pa'at	שַׁפַּעַת (נ)
míope (adj)	ktsar re'iya	קְצַר רְאִיָּה
presbita (adj)	reχok re'iya	רְחוֹק־רְאִיָּה
estrabismo (m)	pzila	פְּזִילָה (נ)
estrábico, vesgo (adj)	pozel	פּוֹזֵל
catarata (f)	katarakt	קָטָרַקְט (ז)
glaucoma (m)	gla'u'koma	גְּלָאוּקוֹמָה (נ)
AVC (m), apoplexia (f)	ʃavats moχi	שָׁבָץ מוֹחִי (ז)
ataque (m) cardíaco	hetkef lev	הֶתְקֵף לֵב (ז)
enfarte (m) do miocárdio	'otem ʃrir halev	אוֹטֶם שְׁרִיר הַלֵּב (ז)
paralisia (f)	ʃituk	שִׁיתּוּק (ז)
paralisar (vt)	leʃatek	לְשַׁתֵּק
alergia (f)	a'lergya	אָלֶרְגִיָה (נ)
asma (f)	'astma, ka'tseret	אַסְתְמָה, קַצֶּרֶת (נ)
diabetes (f)	su'keret	סוּכֶּרֶת (נ)
dor (f) de dente	ke'ev ʃi'nayim	כְּאֵב שִׁנַּיִים (ז)
cárie (f)	a'ʃeʃet	עֲשֶׁשֶׁת (נ)
diarreia (f)	ʃilʃul	שָׁלְשׁוּל (ז)
prisão (f) de ventre	atsirut	עֲצִירוּת (נ)
desarranjo (m) intestinal	kilkul keiva	קִלְקוּל קֵיבָה (ז)
intoxicação (f) alimentar	har'alat mazon	הַרְעָלַת מָזוֹן (נ)
intoxicar-se	laχatof har'alat mazon	לַחֲטוֹף הַרְעָלַת מָזוֹן
artrite (f)	da'leket mifrakim	דַּלֶּקֶת מִפְרָקִים (נ)
raquitismo (m)	ra'keχet	רַכֶּכֶת (נ)
reumatismo (m)	ʃigaron	שִׁיגָּרוֹן (ז)
arteriosclerose (f)	ar'teryo skle'rosis	אַרְטֶרְיוֹ־סְקְלֶרוֹסִיס (ז)
gastrite (f)	da'leket keiva	דַּלֶּקֶת קֵיבָה (נ)
apendicite (f)	da'leket toseftan	דַּלֶּקֶת תוֹסֶפְתָּן (נ)

colecistite (f)	da'leket kis hamara	דַּלֶּקֶת כִּיס הַמָּרָה (נ)
úlcera (f)	'ulkus, kiv	אוֹלקוּס, כִּיב (ז)
sarampo (m)	χa'tsevet	חַצֶּבֶת (נ)
rubéola (f)	a'demet	אַדֶּמֶת (נ)
icterícia (f)	tsa'hevet	צַהֶבֶת (נ)
hepatite (f)	da'leket kaved	דַּלֶּקֶת כָּבֵד (נ)
esquizofrenia (f)	sχizo'frenya	סְכִיזוֹפְרֶנְיָה (נ)
raiva (f)	ka'levet	כַּלֶּבֶת (נ)
neurose (f)	noi'roza	נוֹירוֹזָה (נ)
contusão (f) cerebral	zaʻa'zuʻa 'moaχ	זַעֲזוּעַ מוֹחַ (ז)
câncer (m)	sartan	סַרְטָן (ז)
esclerose (f)	ta'reʃet	טָרֶשֶׁת (נ)
esclerose (f) múltipla	ta'reʃet nefotsa	טָרֶשֶׁת נְפוֹצָה (נ)
alcoolismo (m)	alkoholizm	אַלְכּוֹהוֹלִיזְם (ז)
alcoólico (m)	alkoholist	אַלְכּוֹהוֹלִיסְט (ז)
sífilis (f)	a'gevet	עַגֶּבֶת (נ)
AIDS (f)	eids	אֵיידְס (ז)
tumor (m)	gidul	גִּידוּל (ז)
maligno (adj)	mam'ir	מַמְאִיר
benigno (adj)	ʃapir	שָׁפִיר
febre (f)	ka'daχat	קַדַּחַת (נ)
malária (f)	ma'larya	מָלַרְיָה (נ)
gangrena (f)	gan'grena	גַּנגְרֶנָה (נ)
enjoo (m)	maχalat yam	מַחֲלַת יָם (נ)
epilepsia (f)	maχalat hanefila	מַחֲלַת הַנְּפִילָה (נ)
epidemia (f)	magefa	מַגֵּיפָה (נ)
tifo (m)	'tifus	טִיפוּס (ז)
tuberculose (f)	ʃa'χefet	שַׁחֶפֶת (נ)
cólera (f)	ko'lera	כּוֹלֵרָה (נ)
peste (f) bubônica	davar	דֶּבֶר (ז)

48. Sintomas. Tratamentos. Parte 1

sintoma (m)	simptom	סִימְפְּטוֹם (ז)
temperatura (f)	χom	חוֹם (ז)
febre (f)	χom ga'voha	חוֹם גָּבוֹהַּ (ז)
pulso (m)	'dofek	דּוֹפֶק (ז)
vertigem (f)	sχar'χoret	סְחַרְחוֹרֶת (נ)
quente (testa, etc.)	χam	חַם
calafrio (m)	tsmar'moret	צְמַרְמוֹרֶת (נ)
pálido (adj)	χiver	חִיוֵר
tosse (f)	ʃi'ul	שִׁיעוּל (ז)
tossir (vi)	lehiʃta'el	לְהִשְׁתַּעֵל
espirrar (vi)	lehit'ateʃ	לְהִתְעַטֵּשׁ
desmaio (m)	ilafon	עִילָפוֹן (ז)

desmaiar (vi)	lehit'alef	לְהִתְעַלֵּף
mancha (f) preta	χabura	חַבּוּרָה (נ)
galo (m)	blita	בְּלִיטָה (נ)
machucar-se (vr)	lekabel maka	לְקַבֵּל מַכָּה
contusão (f)	maka	מַכָּה (נ)
machucar-se (vr)	lekabel maka	לְקַבֵּל מַכָּה

mancar (vi)	lits'lo'a	לִצְלוֹעַ
deslocamento (f)	'neka	נֶקַע (ז)
deslocar (vt)	lin'ko'a	לִנְקוֹעַ
fratura (f)	'ʃever	שֶׁבֶר (ז)
fraturar (vt)	liʃbor	לִשְׁבּוֹר

corte (m)	χataχ	חָתָך (ז)
cortar-se (vr)	lehiχateχ	לְהֵיחָתֵך
hemorragia (f)	dimum	דִּימוּם (ז)

queimadura (f)	kviya	כְּוִוייָה (נ)
queimar-se (vr)	laχatof kviya	לַחֲטוֹף כְּוִוייָה

picar (vt)	lidkor	לִדְקוֹר
picar-se (vr)	lehidaker	לְהִידָּקֵר
lesionar (vt)	lif'tso'a	לִפְצוֹעַ
lesão (m)	ptsi'a	פְּצִיעָה (נ)
ferida (f), ferimento (m)	'petsa	פֶּצַע (ז)
trauma (m)	'tra'uma	טְרָאוּמָה (נ)

delirar (vi)	lahazot	לַהֲזוֹת
gaguejar (vi)	legamgem	לְגַמְגֵּם
insolação (f)	makat 'ʃemeʃ	מַכַּת שֶׁמֶשׁ (נ)

49. Sintomas. Tratamentos. Parte 2

dor (f)	ke'ev	כְּאֵב (ז)
farpa (no dedo, etc.)	kots	קוֹץ (ז)

suor (m)	ze'a	זֵיעָה (נ)
suar (vi)	leha'zi'a	לְהַזִּיעַ
vômito (m)	haka'a	הָקָאָה (נ)
convulsões (f pl)	pirkusim	פִּירְכּוּסִים (ז"ר)

grávida (adj)	hara	הָרָה
nascer (vi)	lehivaled	לְהִיווָלֵד
parto (m)	leda	לֵידָה (נ)
dar à luz	la'ledet	לָלֶדֶת
aborto (m)	hapala	הַפָּלָה (נ)

respiração (f)	neʃima	נְשִׁימָה (נ)
inspiração (f)	ʃe'ifa	שְׁאִיפָה (נ)
expiração (f)	neʃifa	נְשִׁיפָה (נ)
expirar (vi)	linʃof	לִנְשׁוֹף
inspirar (vi)	liʃ'of	לִשְׁאוֹף
inválido (m)	naχe	נָכֶה (ז)
aleijado (m)	naχe	נָכֶה (ז)

drogado (m)	narkoman	נַרקוֹמָן (ז)
surdo (adj)	ʃereʃ	חֵירֵש
mudo (adj)	ilem	אִילֵם
surdo-mudo (adj)	ʃereʃ-ilem	חֵירֵש־אִילֵם

louco, insano (adj)	meʃuga	מְשׁוּגָע
louco (m)	meʃuga	מְשׁוּגָע (ז)
louca (f)	meʃu'ga‘at	מְשׁוּגַעַת (נ)
ficar louco	lehiʃta'ge‘a	לְהִשׁתַגֵעַ

gene (m)	gen	גֵן (ז)
imunidade (f)	χasinut	חֲסִינוּת (נ)
hereditário (adj)	toraʃti	תוֹרַשׁתִי
congênito (adj)	mulad	מוּלָד

vírus (m)	'virus	וִירוּס (ז)
micróbio (m)	χaidak	חַיידָק (ז)
bactéria (f)	bak'terya	בַּקטֶריָה (נ)
infecção (f)	zihum	זִיהוּם (ז)

50. Sintomas. Tratamentos. Parte 3

| hospital (m) | beit χolim | בֵּית חוֹלִים (ז) |
| paciente (m) | metupal | מְטוּפָל (ז) |

diagnóstico (m)	avχana	אַבחָנָה (נ)
cura (f)	ripui	רִיפוּי (ז)
tratamento (m) médico	tipul refu'i	טִיפּוּל רְפוּאִי (ז)
curar-se (vr)	lekabel tipul	לְקַבֵּל טִיפּוּל
tratar (vt)	letapel be…	לְטַפֵּל בְּ…
cuidar (pessoa)	letapel be…	לְטַפֵּל בְּ…
cuidado (m)	tipul	טִיפּוּל (ז)

operação (f)	ni'tuaχ	נִיתוּחַ (ז)
enfaixar (vt)	laχboʃ	לַחבּוֹשׁ
enfaixamento (m)	χaviʃa	חֲבִישָׁה (נ)

vacinação (f)	χisun	חִיסוּן (ז)
vacinar (vt)	leχasen	לְחַסֵן
injeção (f)	zrika	זרִיקָה (נ)
dar uma injeção	lehazrik	לְהַזרִיק

ataque (~ de asma, etc.)	hetkef	הֶתקֵף (ז)
amputação (f)	kti‘a	קטִיעָה (נ)
amputar (vt)	lik'to‘a	לִקטוֹעַ
coma (f)	tar'demet	תַרדֶמֶת (נ)
estar em coma	lihyot betar'demet	לִהיוֹת בְּתַרדֶמֶת
reanimação (f)	tipul nimrats	טִיפּוּל נִמרָץ (ז)

recuperar-se (vr)	lehaχlim	לְהַחלִים
estado (~ de saúde)	matsav	מַצָב (ז)
consciência (perder a ~)	hakara	הַכָּרָה (נ)
memória (f)	zikaron	זִיכָּרוֹן (ז)
tirar (vt)	la‘akor	לַעֲקוֹר

obturação (f)	stima	סְתִימָה (נ)
obturar (vt)	la'asot stima	לַעֲשׂוֹת סְתִימָה
hipnose (f)	hip'noza	הִיפְּנוֹזָה (נ)
hipnotizar (vt)	lehapnet	לְהַפְנֵט

51. Médicos

médico (m)	rofe	רוֹפֵא (ז)
enfermeira (f)	aχot	אָחוֹת (נ)
médico (m) pessoal	rofe iʃi	רוֹפֵא אִישִׁי (ז)
dentista (m)	rofe ʃi'nayim	רוֹפֵא שִׁינַיִים (ז)
oculista (m)	rofe ei'nayim	רוֹפֵא עֵינַיִים (ז)
terapeuta (m)	rofe pnimi	רוֹפֵא פְּנִימִי (ז)
cirurgião (m)	kirurg	כִּירוּרְג (ז)
psiquiatra (m)	psiχi''ater	פְּסִיכִיאָטֵר (ז)
pediatra (m)	rofe yeladim	רוֹפֵא יְלָדִים (ז)
psicólogo (m)	psiχolog	פְּסִיכוֹלוֹג (ז)
ginecologista (m)	rofe naʃim	רוֹפֵא נָשִׁים (ז)
cardiologista (m)	kardyolog	קַרְדִיוֹלוֹג (ז)

52. Medicina. Drogas. Acessórios

medicamento (m)	trufa	תְּרוּפָה (נ)
remédio (m)	trufa	תְּרוּפָה (נ)
receitar (vt)	lirʃom	לִרְשׁוֹם
receita (f)	mirʃam	מִרְשָׁם (ז)
comprimido (m)	kadur	כַּדוּר (ז)
unguento (m)	miʃχa	מִשְׁחָה (נ)
ampola (f)	'ampula	אַמְפּוּלָה (נ)
solução, preparado (m)	ta'a'rovet	תַּעֲרוֹבֶת (נ)
xarope (m)	sirop	סִירוֹף (ז)
cápsula (f)	gluya	גְלוּיָה (נ)
pó (m)	avka	אַבְקָה (נ)
atadura (f)	taχ'boʃet 'gaza	תַּחְבּוֹשֶׁת גָאזָה (ז)
algodão (m)	'tsemer 'gefen	צֶמֶר גֶפֶן (ז)
iodo (m)	yod	יוֹד (ז)
curativo (m) adesivo	'plaster	פְּלַסְטֶר (ז)
conta-gotas (m)	taf'tefet	טַפְטֶפֶת (נ)
termômetro (m)	madχom	מַדְחוֹם (ז)
seringa (f)	mazrek	מַזְרֵק (ז)
cadeira (f) de rodas	kise galgalim	כִּיסֵא גַלְגַלִים (ז)
muletas (f pl)	ka'bayim	קַבַּיִים (ז"ר)
analgésico (m)	meʃakeχ ke'evim	מְשַׁכֵּך כְּאֵבִים (ז)
laxante (m)	trufa meʃal'ʃelet	תְּרוּפָה מְשַׁלְשֶׁלֶת (נ)

álcool (m)	'kohal	כּוֹהַל (ז)
ervas (f pl) medicinais	isvei marpe	עִשְׂבֵי מַרְפֵּא (ז"ר)
de ervas (chá ~)	ʃel asavim	שֶׁל עֲשָׂבִים

HABITAT HUMANO

Cidade

53. Cidade. Vida na cidade

cidade (f)	ir	עִיר (נ)
capital (f)	ir bira	עִיר בִּירָה (נ)
aldeia (f)	kfar	כְּפָר (ז)
mapa (m) da cidade	mapat ha'ir	מַפַּת הָעִיר (נ)
centro (m) da cidade	merkaz ha'ir	מֶרכַּז הָעִיר (ז)
subúrbio (m)	parvar	פַּרוָור (ז)
suburbano (adj)	parvari	פַּרוָורִי
periferia (f)	parvar	פַּרוָור (ז)
arredores (m pl)	svivot	סבִיבוֹת (נ"ר)
quarteirão (m)	ʃxuna	שכוּנָה (נ)
quarteirão (m) residencial	ʃxunat megurim	שכוּנַת מְגוּרִים (נ)
tráfego (m)	tnu'a	תנוּעָה (נ)
semáforo (m)	ramzor	רַמזוֹר (ז)
transporte (m) público	taxbura tsiburit	תַחבּוּרָה צִיבּוּרִית (נ)
cruzamento (m)	'tsomet	צוֹמֶת (ז)
faixa (f)	ma'avar xatsaya	מַעֲבָר חֲצָיָה (ז)
túnel (m) subterrâneo	ma'avar tat karka'i	מַעֲבָר תַת-קַרקָעִי (ז)
cruzar, atravessar (vt)	laxatsot	לַחֲצוֹת
pedestre (m)	holex 'regel	הוֹלֵך רֶגֶל (ז)
calçada (f)	midraxa	מִדרָכָה (נ)
ponte (f)	'geʃer	גֶשֶר (ז)
margem (f) do rio	ta'yelet	טַיֶילֶת (נ)
fonte (f)	mizraka	מִזרָקָה (נ)
alameda (f)	sdera	שֹדֵרָה (נ)
parque (m)	park	פַּארק (ז)
bulevar (m)	sdera	שֹדֵרָה (נ)
praça (f)	kikar	כִּיכָּר (נ)
avenida (f)	rexov raʃi	רְחוֹב רָאשִי (ז)
rua (f)	rexov	רְחוֹב (ז)
travessa (f)	simta	סִמטָה (נ)
beco (m) sem saída	mavoi satum	מָבוֹי סָתוּם (ז)
casa (f)	'bayit	בַּיִת (ז)
edifício, prédio (m)	binyan	בִּניָין (ז)
arranha-céu (m)	gored ʃxakim	גוֹרֵד שחָקִים (ז)
fachada (f)	xazit	חָזִית (נ)
telhado (m)	gag	גַג (ז)

janela (f)	χalon	חַלוֹן (ז)
arco (m)	'keʃet	קֶשֶׁת (נ)
coluna (f)	amud	עַמוּד (ז)
esquina (f)	pina	פִּינָה (נ)

vitrine (f)	χalon ra'ava	חַלוֹן רַאֲוָה (ז)
letreiro (m)	'ʃelet	שֶׁלֶט (ז)
cartaz (do filme, etc.)	kraza	כְּרָזָה (נ)
cartaz (m) publicitário	'poster	פּוֹסְטֶר (ז)
painel (m) publicitário	'luaχ pirsum	לוּחַ פִּרְסוּם (ז)

lixo (m)	'zevel	זֶבֶל (ז)
lata (f) de lixo	paχ aʃpa	פַּח אַשְׁפָּה (ז)
jogar lixo na rua	lelaχleχ	לְלַכְלֵךְ
aterro (m) sanitário	mizbala	מִזְבָּלָה (נ)

orelhão (m)	ta 'telefon	תָּא טֶלֶפוֹן (ז)
poste (m) de luz	amud panas	עַמוּד פָּנָס (ז)
banco (m)	safsal	סַפְסָל (ז)

polícia (m)	ʃoter	שׁוֹטֵר (ז)
polícia (instituição)	miʃtara	מִשְׁטָרָה (נ)
mendigo, pedinte (m)	kabtsan	קַבְּצָן (ז)
desabrigado (m)	χasar 'bayit	חֲסַר בַּיִת (ז)

54. Instituições urbanas

loja (f)	χanut	חֲנוּת (נ)
drogaria (f)	beit mir'kaχat	בֵּית מִרְקַחַת (ז)
ótica (f)	χanut miʃka'fayim	חֲנוּת מִשְׁקָפַיִים (נ)
centro (m) comercial	kanyon	קַנְיוֹן (ז)
supermercado (m)	super'market	סוּפֶּרְמַרְקֶט (ז)

padaria (f)	ma'afiya	מַאֲפִיָּה (נ)
padeiro (m)	ofe	אוֹפֶה (ז)
pastelaria (f)	χanut mamtakim	חֲנוּת מַמְתַּקִּים (נ)
mercearia (f)	ma'kolet	מַכּוֹלֶת (נ)
açougue (m)	itliz	אִטְלִיז (ז)

| fruteira (f) | χanut perot viyerakot | חֲנוּת פֵּירוֹת וִירָקוֹת (נ) |
| mercado (m) | ʃuk | שׁוּק (ז) |

cafeteria (f)	beit kafe	בֵּית קָפֶה (ז)
restaurante (m)	mis'ada	מִסְעָדָה (נ)
bar (m)	pab	פָּאבּ (ז)
pizzaria (f)	pi'tseriya	פִּיצֶרְיָה (נ)

salão (m) de cabeleireiro	mispara	מִסְפָּרָה (נ)
agência (f) dos correios	'do'ar	דוֹאַר (ז)
lavanderia (f)	nikui yaveʃ	נִיקוּי יָבֵשׁ (ז)
estúdio (m) fotográfico	'studyo letsilum	סְטוּדְיוֹ לְצִילוּם (ז)

| sapataria (f) | χanut na'a'layim | חֲנוּת נַעֲלַיִים (נ) |
| livraria (f) | χanut sfarim | חֲנוּת סְפָרִים (נ) |

loja (f) de artigos esportivos	χanut sport	חֲנוּת סְפּוֹרְט (נ)
costureira (m)	χanut tikun bgadim	חֲנוּת תִּיקוּן בְּגָדִים (נ)
aluguel (m) de roupa	χanut haskarat bgadim	חֲנוּת הַשְׂכָּרַת בְּגָדִים (נ)
videolocadora (f)	χanut haʃalat sratim	חֲנוּת הַשְׁאָלַת סְרָטִים (נ)
circo (m)	kirkas	קִרְקָס (ז)
jardim (m) zoológico	gan hayot	גַּן חַיּוֹת (ז)
cinema (m)	kol'no'a	קוֹלְנוֹעַ (ז)
museu (m)	muze'on	מוּזֵיאוֹן (ז)
biblioteca (f)	sifriya	סִפְרִיָּה (נ)
teatro (m)	te'atron	תֵּיאַטְרוֹן (ז)
ópera (f)	beit 'opera	בֵּית אוֹפֵּרָה (ז)
boate (casa noturna)	mo'adon 'laila	מוֹעֲדוֹן לַיְלָה (ז)
cassino (m)	ka'zino	קָזִינוֹ (ז)
mesquita (f)	misgad	מִסְגָּד (ז)
sinagoga (f)	beit 'kneset	בֵּית כְּנֶסֶת (ז)
catedral (f)	kated'rala	קָתֶדְרָלָה (נ)
templo (m)	mikdaʃ	מִקְדָּשׁ (ז)
igreja (f)	knesiya	כְּנֵסִיָּה (נ)
faculdade (f)	miχlala	מִכְלָלָה (נ)
universidade (f)	uni'versita	אוּנִיבֶּרְסִיטָה (נ)
escola (f)	beit 'sefer	בֵּית סֵפֶר (ז)
prefeitura (f)	maχoz	מָחוֹז (ז)
câmara (f) municipal	iriya	עִירִיָּה (נ)
hotel (m)	beit malon	בֵּית מָלוֹן (ז)
banco (m)	bank	בַּנְק (ז)
embaixada (f)	ʃagrirut	שַׁגְרִירוּת (נ)
agência (f) de viagens	soχnut nesi'ot	סוֹכְנוּת נְסִיעוֹת (נ)
agência (f) de informações	modi'in	מוֹדִיעִין (ז)
casa (f) de câmbio	misrad hamarat mat'be'a	מִשְׂרַד הֲמָרַת מַטְבֵּעַ (ז)
metrô (m)	ra'kevet taχtit	רַכֶּבֶת תַּחְתִּית (נ)
hospital (m)	beit χolim	בֵּית חוֹלִים (ז)
posto (m) de gasolina	taχanat 'delek	תַּחֲנַת דֶּלֶק (נ)
parque (m) de estacionamento	migraʃ χanaya	מִגְרַשׁ חֲנָיָה (ז)

55. Sinais

letreiro (m)	'ʃelet	שֶׁלֶט (ז)
aviso (m)	moda'a	מוֹדָעָה (נ)
cartaz, pôster (m)	'poster	פּוֹסְטֶר (ז)
placa (f) de direção	tamrur	תַּמְרוּר (ז)
seta (f)	χeʦ	חֵץ (ז)
aviso (advertência)	azhara	אַזְהָרָה (נ)
sinal (m) de aviso	'ʃelet azhara	שֶׁלֶט אַזְהָרָה (ז)
avisar, advertir (vt)	lehazhir	לְהַזְהִיר
dia (m) de folga	yom 'χofeʃ	יוֹם חוֹפֶשׁ (ז)

horário (~ dos trens, etc.)	'luax zmanim	לוּחַ זְמַנִּים (ז)
horário (m)	ʃa'ot avoda	שְׁעוֹת עֲבוֹדָה (נ"ר)
BEM-VINDOS!	bruxim haba'im!	בְּרוּכִים הַבָּאִים!
ENTRADA	knisa	כְּנִיסָה
SAÍDA	yetsi'a	יְצִיאָה
EMPURRE	dxof	דְּחוֹף
PUXE	mʃox	מְשׁוֹךְ
ABERTO	pa'tuax	פָּתוּחַ
FECHADO	sagur	סָגוּר
MULHER	lenaʃim	לְנָשִׁים
HOMEM	legvarim	לִגְבָרִים
DESCONTOS	hanaxot	הֲנָחוֹת
SALDOS, PROMOÇÃO	mivtsa	מִבְצָע
NOVIDADE!	xadaʃ!	חָדָשׁ!
GRÁTIS	xinam	חִינָם
ATENÇÃO!	sim lev!	שִׂים לֵב!
NÃO HÁ VAGAS	ein makom panui	אֵין מָקוֹם פָּנוּי
RESERVADO	ʃamur	שָׁמוּר
ADMINISTRAÇÃO	hanhala	הַנְהָלָה
SOMENTE PESSOAL AUTORIZADO	le'ovdim bilvad	לְעוֹבְדִים בִּלְבַד
CUIDADO CÃO FEROZ	zehirut 'kelev noʃex!	זְהִירוּת, כֶּלֶב נוֹשֵׁךְ!
PROIBIDO FUMAR!	asur le'aʃen!	אָסוּר לְעַשֵּׁן!
NÃO TOCAR	lo lagaat!	לֹא לָגַעַת!
PERIGOSO	mesukan	מְסוּכָּן
PERIGO	sakana	סַכָּנָה
ALTA TENSÃO	'metax ga'voha	מֶתַח גָּבוֹהַ
PROIBIDO NADAR	haraxatsa asura!	הָרַחֲצָה אֲסוּרָה!
COM DEFEITO	lo oved	לֹא עוֹבֵד
INFLAMÁVEL	dalik	דָּלִיק
PROIBIDO	asur	אָסוּר
ENTRADA PROIBIDA	asur la'avor	אָסוּר לַעֲבוֹר
CUIDADO TINTA FRESCA	'tseva lax	צֶבַע לַח

56. Transportes urbanos

ônibus (m)	'otobus	אוֹטוֹבּוּס (ז)
bonde (m) elétrico	ra'kevet kala	רַכֶּבֶת קַלָּה (נ)
trólebus (m)	tro'leibus	טְרוֹלֵייבּוּס (ז)
rota (f), itinerário (m)	maslul	מַסְלוּל (ז)
número (m)	mispar	מִסְפָּר (ז)
ir de … (carro, etc.)	lin'so'a be…	לִנְסוֹעַ בְּ...
entrar no …	la'alot	לַעֲלוֹת
descer do …	la'redet mi…	לָרֶדֶת מ...

parada (f)	taχana	תַּחֲנָה (נ)
próxima parada (f)	hataχana haba'a	הַתַּחֲנָה הַבָּאָה (נ)
terminal (m)	hataχana ha'aχrona	הַתַּחֲנָה הָאַחֲרוֹנָה (נ)
horário (m)	'luaχ zmanim	לוּחַ זְמַנִּים (ז)
esperar (vt)	lehamtin	לְהַמְתִּין
passagem (f)	kartis	כַּרְטִיס (ז)
tarifa (f)	meχir hanesiya	מְחִיר הַנְּסִיעָה (ז)
bilheteiro (m)	kupai	קוּפַּאי (ז)
controle (m) de passagens	bi'koret kartisim	בִּיקּוֹרֶת כַּרְטִיסִים (נ)
revisor (m)	mevaker	מְבַקֵּר (ז)
atrasar-se (vr)	le'aχer	לְאַחֵר
perder (o autocarro, etc.)	lefasfes	לְפַסְפֵס
estar com pressa	lemaher	לְמַהֵר
táxi (m)	monit	מוֹנִית (נ)
taxista (m)	nahag monit	נַהַג מוֹנִית (ז)
de táxi (ir ~)	bemonit	בְּמוֹנִית
ponto (m) de táxis	taχanat moniyot	תַּחֲנַת מוֹנִיוֹת (נ)
chamar um táxi	lehazmin monit	לְהַזְמִין מוֹנִית
pegar um táxi	la'kaχat monit	לָקַחַת מוֹנִית
tráfego (m)	tnu'a	תְּנוּעָה (נ)
engarrafamento (m)	pkak	פְּקָק (ז)
horas (f pl) de pico	ʃa'ot 'omes	שְׁעוֹת עוֹמֶס (נ"ר)
estacionar (vi)	laχanot	לַחֲנוֹת
estacionar (vt)	lehaχnot	לְהַחְנוֹת
parque (m) de estacionamento	χanaya	חֲנָיָה (נ)
metrô (m)	ra'kevet taχtit	רַכֶּבֶת תַּחְתִּית (נ)
estação (f)	taχana	תַּחֲנָה (נ)
ir de metrô	lin'so'a betaχtit	לִנְסוֹעַ בְּתַחְתִּית
trem (m)	ra'kevet	רַכֶּבֶת (נ)
estação (f) de trem	taχanat ra'kevet	תַּחֲנַת רַכֶּבֶת (נ)

57. Turismo

monumento (m)	an'darta	אַנְדַּרְטָה (נ)
fortaleza (f)	mivtsar	מִבְצָר (ז)
palácio (m)	armon	אַרְמוֹן (ז)
castelo (m)	tira	טִירָה (נ)
torre (f)	migdal	מִגְדָּל (ז)
mausoléu (m)	ma'uzo'le'um	מָאוּזוֹלֵיאוּם (ז)
arquitetura (f)	adriχalut	אַדְרִיכָלוּת (נ)
medieval (adj)	benaimi	בֵּינַיימִי
antigo (adj)	atik	עַתִּיק
nacional (adj)	le'umi	לְאוּמִי
famoso, conhecido (adj)	mefursam	מְפוֹרְסָם
turista (m)	tayar	תַּייָר (ז)
guia (pessoa)	madriχ tiyulim	מַדְרִיךְ טִיּוּלִים (ז)

excursão (f)	tiyul	טִיּוּל (ז)
mostrar (vt)	lehar'ot	לְהַרְאוֹת
contar (vt)	lesaper	לְסַפֵּר
encontrar (vt)	limtso	לִמְצוֹא
perder-se (vr)	la'lexet le'ibud	לָלֶכֶת לְאִיבּוּד
mapa (~ do metrô)	mapa	מַפָּה (נ)
mapa (~ da cidade)	tarʃim	תַּרְשִׁים (ז)
lembrança (f), presente (m)	maz'keret	מַזְכֶּרֶת (נ)
loja (f) de presentes	xanut matanot	חֲנוּת מַתָּנוֹת (נ)
tirar fotos, fotografar	letsalem	לְצַלֵּם
fotografar-se (vr)	lehitstalem	לְהִצְטַלֵּם

58. Compras

comprar (vt)	liknot	לִקְנוֹת
compra (f)	kniya	קְנִיָּה (נ)
fazer compras	la'lexet lekniyot	לָלֶכֶת לִקְנִיּוֹת
compras (f pl)	arixat kniyot	עֲרִיכַת קְנִיּוֹת (נ)
estar aberta (loja)	pa'tuax	פָּתוּחַ
estar fechada	sagur	סָגוּר
calçado (m)	naʿa'layim	נַעֲלַיִים (נ"ר)
roupa (f)	bgadim	בְּגָדִים (ז"ר)
cosméticos (m pl)	tamrukim	תַּמְרוּקִים (ז"ר)
alimentos (m pl)	mutsrei mazon	מוּצְרֵי מָזוֹן (ז"ר)
presente (m)	matana	מַתָּנָה (נ)
vendedor (m)	moxer	מוֹכֵר (ז)
vendedora (f)	mo'xeret	מוֹכֶרֶת (נ)
caixa (f)	kupa	קוּפָּה (נ)
espelho (m)	mar'a	מַרְאָה (נ)
balcão (m)	duxan	דּוּכָן (ז)
provador (m)	'xeder halbaʃa	חֲדַר הַלְבָּשָׁה (ז)
provar (vt)	limdod	לִמְדּוֹד
servir (roupa, caber)	lehat'im	לְהַתְאִים
gostar (apreciar)	limtso xen be'ei'nayim	לִמְצוֹא חֵן בְּעֵינַיִים
preço (m)	mexir	מְחִיר (ז)
etiqueta (f) de preço	tag mexir	תַּג מְחִיר (ז)
custar (vt)	laʿalot	לַעֲלוֹת
Quanto?	'kama?	כַּמָה?
desconto (m)	hanaxa	הֲנָחָה (נ)
não caro (adj)	lo yakar	לֹא יָקָר
barato (adj)	zol	זוֹל
caro (adj)	yakar	יָקָר
É caro	ze yakar	זֶה יָקָר
aluguel (m)	haskara	הַשְׂכָּרָה (נ)
alugar (roupas, etc.)	liskor	לִשְׂכּוֹר

crédito (m)	aʃrai	אַשְׁרַאי (ז)
a crédito	be'aʃrai	בְּאַשְׁרַאי

59. Dinheiro

dinheiro (m)	'kesef	כֶּסֶף (ז)
câmbio (m)	hamara	הֲמָרָה (נ)
taxa (f) de câmbio	'ʃa'ar χalifin	שַׁעַר חֲלִיפִין (ז)
caixa (m) eletrônico	kaspomat	כַּסְפּוֹמָט (ז)
moeda (f)	mat'be'a	מַטְבֵּעַ (ז)

dólar (m)	'dolar	דוֹלָר (ז)
euro (m)	'eiro	אֵירוֹ (ז)

lira (f)	'lira	לִירָה (נ)
marco (m)	mark germani	מַרְק גֶּרְמָנִי (ז)
franco (m)	frank	פְרַנק (ז)
libra (f) esterlina	'lira 'sterling	לִירָה שְׁטֶרְלִינג (נ)
iene (m)	yen	יֶן (ז)

dívida (f)	χov	חוֹב (ז)
devedor (m)	'ba'al χov	בַּעַל חוֹב (ז)
emprestar (vt)	lehalvot	לְהַלְווֹת
pedir emprestado	lilvot	לִלְווֹת

banco (m)	bank	בַּנְק (ז)
conta (f)	χeʃbon	חֶשְׁבּוֹן (ז)
depositar (vt)	lehafkid	לְהַפְקִיד
depositar na conta	lehafkid leχeʃbon	לְהַפְקִיד לְחֶשְׁבּוֹן
sacar (vt)	limʃoχ meχeʃbon	לִמְשׁוֹךְ מֵחֶשְׁבּוֹן

cartão (m) de crédito	kartis aʃrai	כַּרְטִיס אַשְׁרַאי (ז)
dinheiro (m) vivo	mezuman	מְזוּמָן
cheque (m)	tʃek	צֵ'ק (ז)
passar um cheque	liχtov tʃek	לִכְתּוֹב צֵ'ק
talão (m) de cheques	pinkas 'tʃekim	פִּנְקָס צֵ'קִים (ז)

carteira (f)	arnak	אַרְנָק (ז)
niqueleira (f)	arnak lematbe''ot	אַרְנָק לְמַטְבְּעוֹת (ז)
cofre (m)	ka'sefet	כַּסֶּפֶת (נ)

herdeiro (m)	yoreʃ	יוֹרֵשׁ (ז)
herança (f)	yeruʃa	יְרוּשָׁה (נ)
fortuna (riqueza)	'oʃer	עוֹשֶׁר (ז)

arrendamento (m)	χoze sχirut	חוֹזֶה שְׂכִירוּת (ז)
aluguel (pagar o ~)	sχar dira	שְׂכַר דִירָה (ז)
alugar (vt)	liskor	לִשְׂכּוֹר

preço (m)	meχir	מְחִיר (ז)
custo (m)	alut	עֲלוּת (נ)
soma (f)	sχum	סְכוּם (ז)
gastar (vt)	lehotsi	לְהוֹצִיא
gastos (m pl)	hotsa'ot	הוֹצָאוֹת (נ"ר)

economizar (vi)	laxasox	לַחֲסוֹךְ
econômico (adj)	xesxoni	חֶסְכוֹנִי
pagar (vt)	leʃalem	לְשַׁלֵּם
pagamento (m)	taʃlum	תַּשְׁלוּם (ז)
troco (m)	'odef	עוֹדֶף (ז)
imposto (m)	mas	מַס (ז)
multa (f)	knas	קְנָס (ז)
multar (vt)	liknos	לִקְנוֹס

60. Correios. Serviço postal

agência (f) dos correios	'do'ar	דּוֹאַר (ז)
correio (m)	'do'ar	דּוֹאַר (ז)
carteiro (m)	davar	דַּוָּר (ז)
horário (m)	ʃa'ot avoda	שְׁעוֹת עֲבוֹדָה (נ"ר)
carta (f)	mixtav	מִכְתָּב (ז)
carta (f) registada	mixtav raʃum	מִכְתָּב רָשׁוּם (ז)
cartão (m) postal	gluya	גְּלוּיָה (נ)
telegrama (m)	mivrak	מִבְרָק (ז)
encomenda (f)	xavila	חֲבִילָה (נ)
transferência (f) de dinheiro	ha'avarat ksafim	הַעֲבָרַת כְּסָפִים (נ)
receber (vt)	lekabel	לְקַבֵּל
enviar (vt)	liʃ'loax	לִשְׁלוֹחַ
envio (m)	ʃlixa	שְׁלִיחָה (ז)
endereço (m)	'ktovet	כְּתוֹבֶת (נ)
código (m) postal	mikud	מִיקוּד (ז)
remetente (m)	ʃo'leax	שׁוֹלֵחַ (ז)
destinatário (m)	nim'an	נִמְעָן (ז)
nome (m)	ʃem prati	שֵׁם פְּרָטִי (ז)
sobrenome (m)	ʃem miʃpaxa	שֵׁם מִשְׁפָּחָה (ז)
tarifa (f)	ta'arif	תַּעֲרִיף (ז)
ordinário (adj)	ragil	רָגִיל
econômico (adj)	xesxoni	חֶסְכוֹנִי
peso (m)	miʃkal	מִשְׁקָל (ז)
pesar (estabelecer o peso)	liʃkol	לִשְׁקוֹל
envelope (m)	ma'atafa	מַעֲטָפָה (נ)
selo (m) postal	bul 'do'ar	בּוּל דּוֹאַר (ז)
colar o selo	lehadbik bul	לְהַדְבִּיק בּוּל

Moradia. Casa. Lar

61. Casa. Eletricidade

eletricidade (f)	ҳaʃmal	חַשְׁמַל (ז)
lâmpada (f)	nura	נוּרָה (נ)
interruptor (m)	'meteg	מֶתֶג (ז)
fusível, disjuntor (m)	natiҳ	נָתִיךְ (ז)
fio, cabo (m)	ҳut	חוּט (ז)
instalação (f) elétrica	ҳivut	חִיוּוט (ז)
medidor (m) de eletricidade	mone ҳaʃmal	מוֹנֶה חַשְׁמַל (ז)
indicação (f), registro (m)	kri'a	קְרִיאָה (נ)

62. Moradia. Mansão

casa (f) de campo	'bayit bakfar	בַּיִת בַּכְּפָר (ז)
vila (f)	'vila	וִילָה (נ)
ala (~ do edifício)	agaf	אֲגַף (ז)
jardim (m)	gan	גַּן (ז)
parque (m)	park	פָּארְק (ז)
estufa (f)	ҳamama	חֲמָמָה (נ)
cuidar de …	legadel	לְגַדֵּל
piscina (f)	breҳat sҳiya	בְּרֵיכַת שְׂחִייָה (נ)
academia (f) de ginástica	'ҳeder 'koʃer	חֶדֶר כּוֹשֶׁר (ז)
quadra (f) de tênis	migraʃ 'tenis	מִגְרַשׁ טֶנִיס (ז)
cinema (m)	'ҳeder hakrana beiti	חֶדֶר הַקְרָנָה בֵּיתִי (ז)
garagem (f)	musaҳ	מוּסָךְ (ז)
propriedade (f) privada	reҳuʃ prati	רְכוּשׁ פְּרָטִי (ז)
terreno (m) privado	ʃetaҳ prati	שֶׁטַח פְּרָטִי (ז)
advertência (f)	azhara	אַזְהָרָה (נ)
sinal (m) de aviso	'ʃelet azhara	שֶׁלֶט אַזְהָרָה (ז)
guarda (f)	avtaҳa	אַבְטָחָה (נ)
guarda (m)	ʃomer	שׁוֹמֵר (ז)
alarme (m)	ma'a'reҳet az'aka	מַעֲרֶכֶת אַזְעָקָה (נ)

63. Apartamento

apartamento (m)	dira	דִּירָה (נ)
quarto, cômodo (m)	'ҳeder	חֶדֶר (ז)
quarto (m) de dormir	ҳadar ʃena	חֲדַר שֵׁינָה (ז)

sala (f) de jantar	pinat 'oχel	פִּינַת אוֹכֶל (נ)
sala (f) de estar	salon	סָלוֹן (ז)
escritório (m)	χadar avoda	חֲדַר עֲבוֹדָה (ז)
sala (f) de entrada	prozdor	פְּרוֹזְדוֹר (ז)
banheiro (m)	χadar am'batya	חֲדַר אַמְבַּטְיָה (ז)
lavabo (m)	ʃerutim	שֵׁירוּתִים (ז"ר)
teto (m)	tikra	תִּקְרָה (נ)
chão, piso (m)	ritspa	רִצְפָּה (נ)
canto (m)	pina	פִּינָה (נ)

64. Mobiliário. Interior

mobiliário (m)	rehitim	רָהִיטִים (ז"ר)
mesa (f)	ʃulχan	שׁוּלְחָן (ז)
cadeira (f)	kise	כִּסֵּא (ז)
cama (f)	mita	מִיטָה (נ)
sofá, divã (m)	sapa	סַפָּה (נ)
poltrona (f)	kursa	כּוּרְסָה (נ)
estante (f)	aron sfarim	אָרוֹן סְפָרִים (ז)
prateleira (f)	madaf	מַדָּף (ז)
guarda-roupas (m)	aron bgadim	אָרוֹן בְּגָדִים (ז)
cabide (m) de parede	mitle	מִתְלֶה (ז)
cabideiro (m) de pé	mitle	מִתְלֶה (ז)
cômoda (f)	ʃida	שִׁידָה (נ)
mesinha (f) de centro	ʃulχan itonim	שׁוּלְחָן עִיתּוֹנִים (ז)
espelho (m)	mar'a	מַרְאָה (נ)
tapete (m)	ʃa'tiaχ	שָׁטִיחַ (ז)
tapete (m) pequeno	ʃa'tiaχ	שָׁטִיחַ (ז)
lareira (f)	aχ	אָח (נ)
vela (f)	ner	נֵר (ז)
castiçal (m)	pamot	פָּמוֹט (ז)
cortinas (f pl)	vilonot	וִילוֹנוֹת (ז"ר)
papel (m) de parede	tapet	טַפֶּט (ז)
persianas (f pl)	trisim	תְּרִיסִים (ז"ר)
luminária (f) de mesa	menorat ʃulχan	מְנוֹרַת שׁוּלְחָן (נ)
luminária (f) de parede	menorat kir	מְנוֹרַת קִיר (נ)
abajur (m) de pé	menora o'medet	מְנוֹרָה עוֹמֶדֶת (נ)
lustre (m)	niv'reʃet	נִבְרֶשֶׁת (נ)
pé (de mesa, etc.)	'regel	רֶגֶל (נ)
braço, descanso (m)	miʃʕenet yad	מִשְׁעֶנֶת יָד (נ)
costas (f pl)	miʃʕenet	מִשְׁעֶנֶת (נ)
gaveta (f)	megera	מְגֵירָה (נ)

65. Quarto de dormir

Português	Transliteração	Hebraico
roupa (f) de cama	matsa'im	מַצָּעִים (ז"ר)
travesseiro (m)	karit	כָּרִית (נ)
fronha (f)	tsipit	צִיפִּית (נ)
cobertor (m)	smiχa	שְׂמִיכָה (נ)
lençol (m)	sadin	סָדִין (ז)
colcha (f)	kisui mita	כִּיסוּי מִיטָה (ז)

66. Cozinha

Português	Transliteração	Hebraico
cozinha (f)	mitbaχ	מִטְבָּח (ז)
gás (m)	gaz	גַז (ז)
fogão (m) a gás	tanur gaz	תַנוּר גַז (ז)
fogão (m) elétrico	tanur χaʃmali	תַנוּר חַשְׁמַלִי (ז)
forno (m)	tanur afiya	תַנוּר אֲפִיָּה (ז)
forno (m) de micro-ondas	mikrogal	מִיקְרוֹגַל (ז)
geladeira (f)	mekarer	מְקָרֵר (ז)
congelador (m)	makpi	מַקְפִּיא (ז)
máquina (f) de lavar louça	me'diaχ kelim	מֵדִיחַ כֵּלִים (ז)
moedor (m) de carne	matχenat basar	מַטְחֲנַת בָּשָׂר (נ)
espremedor (m)	masχeta	מַסְחֵטָה (נ)
torradeira (f)	'toster	טוֹסְטֶר (ז)
batedeira (f)	'mikser	מִיקְסֶר (ז)
máquina (f) de café	meχonat kafe	מְכוֹנַת קָפֶּה (נ)
cafeteira (f)	findʒan	פִינְגָ'אן (ז)
moedor (m) de café	matχenat kafe	מַטְחֲנַת קָפֶּה (נ)
chaleira (f)	kumkum	קוּמְקוּם (ז)
bule (m)	kumkum	קוּמְקוּם (ז)
tampa (f)	miχse	מִכְסֶה (ז)
coador (m) de chá	mis'nenet te	מְסַנֶּנֶת תֵה (נ)
colher (f)	kaf	כַּף (נ)
colher (f) de chá	kapit	כַּפִּית (נ)
colher (f) de sopa	kaf	כַּף (נ)
garfo (m)	mazleg	מַזְלֵג (ז)
faca (f)	sakin	סַכִּין (ז, נ)
louça (f)	kelim	כֵּלִים (ז"ר)
prato (m)	tsa'laχat	צַלַּחַת (נ)
pires (m)	taχtit	תַחְתִית (נ)
cálice (m)	kosit	כּוֹסִית (נ)
copo (m)	kos	כּוֹס (נ)
xícara (f)	'sefel	סֵפֶל (ז)
açucareiro (m)	mis'keret	מִסְכֶּרֶת (נ)
saleiro (m)	milχiya	מִלְחִיָּה (נ)
pimenteiro (m)	pilpeliya	פִלְפְּלִיָּה (נ)

manteigueira (f)	maxame'a	מַחֲמָאָה (ז)
panela (f)	sir	סִיר (ז)
frigideira (f)	maxvat	מַחְבַת (נ)
concha (f)	tarvad	תַרְוָד (ז)
coador (m)	mis'nenet	מִסְנֶנֶת (נ)
bandeja (f)	magaʃ	מַגָש (ז)

garrafa (f)	bakbuk	בַּקְבּוּק (ז)
pote (m) de vidro	ʦin'ʦenet	צִנְצֶנֶת (נ)
lata (~ de cerveja)	paxit	פָחִית (נ)

abridor (m) de garrafa	potxan bakbukim	פוֹתְחָן בַּקְבּוּקִים (ז)
abridor (m) de latas	potxan kufsa'ot	פוֹתְחָן קוּפְסָאוֹת (ז)
saca-rolhas (m)	maxleʦ	מַחְלֵץ (ז)
filtro (m)	'filter	פִילְטֶר (ז)
filtrar (vt)	lesanen	לְסַנֵן

| lixo (m) | 'zevel | זֶבֶל (ז) |
| lixeira (f) | pax 'zevel | פַח זֶבֶל (ז) |

67. Casa de banho

banheiro (m)	xadar am'batya	חֲדַר אַמְבַּטְיָה (ז)
água (f)	'mayim	מַיִם (ז"ר)
torneira (f)	'berez	בֶּרֶז (ז)
água (f) quente	'mayim xamim	מַיִם חָמִים (ז"ר)
água (f) fria	'mayim karim	מַיִם קָרִים (ז"ר)

pasta (f) de dente	miʃxat ʃi'nayim	מִשְחַת שִינַיִים (נ)
escovar os dentes	leʦaxʦeax ʃi'nayim	לְצַחְצֵחַ שִינַיִים
escova (f) de dente	miv'reʃet ʃi'nayim	מִבְרֶשֶת שִינַיִים (נ)

barbear-se (vr)	lehitga'leax	לְהִתְגַלֵחַ
espuma (f) de barbear	'keʦef gi'luax	קֶצֶף גִילוּחַ (ז)
gilete (f)	'ta'ar	תַעַר (ז)

lavar (vt)	liʃtof	לִשְטוֹף
tomar banho	lehitraxeʦ	לְהִתְרַחֵץ
chuveiro (m), ducha (f)	mik'laxat	מִקְלַחַת (נ)
tomar uma ducha	lehitka'leax	לְהִתְקַלֵחַ

banheira (f)	am'batya	אַמְבַּטְיָה (נ)
vaso (m) sanitário	asla	אַסְלָה (נ)
pia (f)	kiyor	כִּיוֹר (ז)

| sabonete (m) | sabon | סַבּוֹן (ז) |
| saboneteira (f) | saboniya | סַבּוֹנִיָיה (נ) |

esponja (f)	sfog 'lifa	סְפוֹג לִיפָה (ז)
xampu (m)	ʃampu	שַמְפּוּ (ז)
toalha (f)	ma'gevet	מַגֶבֶת (נ)
roupão (m) de banho	xaluk raxaʦa	חָלוּק רַחְצָה (ז)
lavagem (f)	kvisa	כְּבִיסָה (נ)
lavadora (f) de roupas	mexonat kvisa	מְכוֹנַת כְּבִיסָה (נ)

| lavar a roupa | leχabes | לְכַבֵּס |
| detergente (m) | avkat kvisa | אַבְקַת כְּבִיסָה (נ) |

68. Eletrodomésticos

televisor (m)	tele'vizya	טֶלֶווִיזְיָה (נ)
gravador (m)	teip	טֵייפּ (ז)
videogravador (m)	maχʃir 'vide'o	מַכְשִׁיר וִידֵאוֹ (ז)
rádio (m)	'radyo	רַדְיוֹ (ז)
leitor (m)	nagan	נָגָן (ז)

projetor (m)	makren	מַקְרֵן (ז)
cinema (m) em casa	kol'no'a beiti	קוֹלְנוֹעַ בֵּיתִי (ז)
DVD Player (m)	nagan dividi	נָגָן DVD (ז)
amplificador (m)	magber	מַגְבֵּר (ז)
console (f) de jogos	maχʃir plei'steiʃen	מַכְשִׁיר פְּלֵייסְטֵיישֶׁן (ז)

câmera (f) de vídeo	matslemat 'vide'o	מַצְלֵמַת וִידֵאוֹ (נ)
máquina (f) fotográfica	matslema	מַצְלֵמָה (נ)
câmera (f) digital	matslema digi'talit	מַצְלֵמָה דִיגִיטָלִית (נ)

aspirador (m)	ʃo'ev avak	שׁוֹאֵב אָבָק (ז)
ferro (m) de passar	maghets	מַגְהֵץ (ז)
tábua (f) de passar	'kereʃ gihuts	קֶרֶשׁ גִיהוּץ (ז)

telefone (m)	'telefon	טֶלֶפוֹן (ז)
celular (m)	'telefon nayad	טֶלֶפוֹן נַיָיד (ז)
máquina (f) de escrever	meχonat ktiva	מְכוֹנַת כְּתִיבָה (נ)
máquina (f) de costura	meχonat tfira	מְכוֹנַת תְּפִירָה (נ)

microfone (m)	mikrofon	מִיקְרוֹפוֹן (ז)
fone (m) de ouvido	ozniyot	אוֹזְנִיוֹת (נ"ר)
controle remoto (m)	'ʃelet	שֶׁלֶט (ז)

CD (m)	taklitor	תַּקְלִיטוֹר (ז)
fita (f) cassete	ka'letet	קַלֶטֶת (נ)
disco (m) de vinil	taklit	תַּקְלִיט (ז)

ATIVIDADES HUMANAS

Emprego. Negócios. Parte 1

69. Escritório. O trabalho no escritório

escritório (~ de advogados)	misrad	מִשְׂרָד (ז)
escritório (do diretor, etc.)	misrad	מִשְׂרָד (ז)
recepção (f)	kabala	קַבָּלָה (נ)
secretário (m)	mazkir	מַזְכִּיר (ז)
secretária (f)	mazkira	מַזְכִּירָה (נ)
diretor (m)	menahel	מְנַהֵל (ז)
gerente (m)	menahel	מְנַהֵל (ז)
contador (m)	menahel xeʃbonot	מְנַהֵל חֶשְׁבּוֹנוֹת (ז)
empregado (m)	oved	עוֹבֵד (ז)
mobiliário (m)	rehitim	רָהִיטִים (ז״ר)
mesa (f)	ʃulxan	שׁוּלְחָן (ז)
cadeira (f)	kursa	כּוּרְסָה (נ)
gaveteiro (m)	ʃidat megerot	שִׁידַת מְגֵירוֹת (נ)
cabideiro (m) de pé	mitle	מִתְלֶה (ז)
computador (m)	maxʃev	מַחְשֵׁב (ז)
impressora (f)	mad'peset	מַדְפֶּסֶת (נ)
fax (m)	faks	פַקְס (ז)
fotocopiadora (f)	mexonat tsilum	מְכוֹנַת צִילוּם (נ)
papel (m)	neyar	נְיָיר (ז)
artigos (m pl) de escritório	tsiyud misradi	צִיוּד מִשְׂרָדִי (ז)
tapete (m) para mouse	ʃa'tiax le'axbar	שָׁטִיחַ לְעַכְבָּר (ז)
folha (f)	daf	דַף (ז)
pasta (f)	klaser	קְלַסֵר (ז)
catálogo (m)	katalog	קָטָלוֹג (ז)
lista (f) telefônica	madrix 'telefon	מַדְרִיךְ טֶלֶפוֹן (ז)
documentação (f)	ti'ud	תִיעוּד (ז)
brochura (f)	xo'veret	חוֹבֶרֶת (נ)
panfleto (m)	alon	עָלוֹן (ז)
amostra (f)	dugma	דוּגְמָה (נ)
formação (f)	yeʃivat hadraxa	יְשִׁיבַת הַדְרָכָה (נ)
reunião (f)	yeʃiva	יְשִׁיבָה (נ)
hora (f) de almoço	hafsakat tsaha'rayim	הַפְסָקַת צָהֳרַיִים (נ)
fazer uma cópia	letsalem mismax	לְצַלֵם מִסְמָךְ
tirar cópias	lehaxin mispar otakim	לְהָכִין מִסְפַּר עוֹתָקִים
receber um fax	lekabel faks	לְקַבֵּל פַקְס
enviar um fax	liʃloax faks	לִשְׁלוֹחַ פַקְס

fazer uma chamada	lehitkaʃer	לְהִתְקַשֵּׁר
responder (vt)	la'anot	לַעֲנוֹת
passar (vt)	lekaʃer	לְקַשֵּׁר

marcar (vt)	lik'bo'a pgiʃa	לִקְבּוֹעַ פְּגִישָׁה
demonstrar (vt)	lehadgim	לְהַדְגִים
estar ausente	lehe'ader	לְהֵיעָדֵר
ausência (f)	he'adrut	הֵיעָדְרוּת (נ)

70. Processos negociais. Parte 1

negócio (m)	'esek	עֵסֶק (ז)
ocupação (f)	isuk	עִיסוּק (ז)
firma, empresa (f)	xevra	חֶבְרָה (נ)
companhia (f)	xevra	חֶבְרָה (נ)
corporação (f)	ta'agid	תַּאֲגִיד (ז)
empresa (f)	'esek	עֵסֶק (ז)
agência (f)	soxnut	סוֹכְנוּת (נ)

acordo (documento)	heskem	הֶסְכֵּם (ז)
contrato (m)	xoze	חוֹזֶה (ז)
acordo (transação)	iska	עִסְקָה (נ)
pedido (m)	hazmana	הַזְמָנָה (נ)
termos (m pl)	tnai	תְּנַאי (ז)

por atacado	besitonut	בְּסִיטוֹנוּת
por atacado (adj)	sitona'i	סִיטוֹנָאִי
venda (f) por atacado	sitonut	סִיטוֹנוּת (נ)
a varejo	kim'oni	קִמְעוֹנִי
venda (f) a varejo	kim'onut	קִמְעוֹנוּת (נ)

concorrente (m)	mitxare	מִתְחָרֶה (ז)
concorrência (f)	taxarut	תַּחָרוּת (נ)
competir (vi)	lehitxarot	לְהִתְחָרוֹת

| sócio (m) | ʃutaf | שׁוּתָף (ז) |
| parceria (f) | ʃutafa | שׁוּתָפוּת (נ) |

crise (f)	maʃber	מַשְׁבֵּר (ז)
falência (f)	pʃitat 'regel	פְּשִׁיטַת רֶגֶל (נ)
entrar em falência	liʃʃot 'regel	לִפְשׁוֹט רֶגֶל
dificuldade (f)	'koʃi	קוֹשִׁי (ז)
problema (m)	be'aya	בְּעָיָה (נ)
catástrofe (f)	ason	אָסוֹן (ז)

economia (f)	kalkala	כַּלְכָּלָה (נ)
econômico (adj)	kalkali	כַּלְכָּלִי
recessão (f) econômica	mitun kalkali	מִיתוּן כַּלְכָּלִי (ז)

| objetivo (m) | matara | מַטָּרָה (נ) |
| tarefa (f) | mesima | מְשִׂימָה (נ) |

| comerciar (vi, vt) | lisxor | לִסְחוֹר |
| rede (de distribuição) | 'reʃet | רֶשֶׁת (נ) |

estoque (m)	maxsan	מַחְסָן (ז)
sortimento (m)	mivxar	מִבְחָר (ז)
líder (m)	manhig	מַנְהִיג (ז)
grande (~ empresa)	gadol	גָּדוֹל
monopólio (m)	'monopol	מוֹנוֹפוֹל (ז)
teoria (f)	te''orya	תֵּיאוֹרְיָה (נ)
prática (f)	'praktika	פְּרַקְטִיקָה (נ)
experiência (f)	nisayon	נִיסָיוֹן (ז)
tendência (f)	megama	מְגַמָּה (נ)
desenvolvimento (m)	pi'tuax	פִּיתוּחַ (ז)

71. Processos negociais. Parte 2

rentabilidade (f)	'revax	רֶווַח (ז)
rentável (adj)	rivxi	רִווְחִי
delegação (f)	miʃ'laxat	מִשְׁלַחַת (נ)
salário, ordenado (m)	mas'koret	מַשְׂכּוֹרֶת (נ)
corrigir (~ um erro)	letaken	לְתַקֵּן
viagem (f) de negócios	nesi'a batafkid	נְסִיעָה בְּתַפְקִיד (נ)
comissão (f)	amla	עָמְלָה (נ)
controlar (vt)	liʃlot	לִשְׁלוֹט
conferência (f)	kinus	כִּינוּס (ז)
licença (f)	riʃayon	רִישָׁיוֹן (ז)
confiável (adj)	amin	אָמִין
empreendimento (m)	yozma	יוֹזְמָה (נ)
norma (f)	'norma	נוֹרְמָה (נ)
circunstância (f)	nesibot	נְסִיבּוֹת (נ״ר)
dever (do empregado)	xova	חוֹבָה (נ)
empresa (f)	irgun	אִרְגּוּן (ז)
organização (f)	hit'argenut	הִתְאַרְגְנוּת (נ)
organizado (adj)	me'urgan	מְאוֹרְגָּן
anulação (f)	bitul	בִּיטוּל (ז)
anular, cancelar (vt)	levatel	לְבַטֵּל
relatório (m)	dox	דוֹחַ (ז)
patente (f)	patent	פָּטֶנְט (ז)
patentear (vt)	lirʃom patent	לִרְשׁוֹם פָּטֶנְט
planejar (vt)	letaxnen	לְתַכְנֵן
bônus (m)	'bonus	בּוֹנוּס (ז)
profissional (adj)	miktso'i	מִקְצוֹעִי
procedimento (m)	'nohal	נוֹהַל (ז)
examinar (~ a questão)	livxon	לִבְחוֹן
cálculo (m)	xiʃuv	חִישׁוּב (ז)
reputação (f)	monitin	מוֹנִיטִין (ז״ר)
risco (m)	sikun	סִיכּוּן (ז)
dirigir (~ uma empresa)	lenahel	לְנַהֵל

informação (f)	meida	מֵידָע (ז)
propriedade (f)	ba'alut	בַּעֲלוּת (נ)
união (f)	igud	אִיגוּד (ז)
seguro (m) de vida	bi'tuaχ χayim	בִּיטוּחַ חַיִים (ז)
fazer um seguro	leva'teaχ	לְבַטֵחַ
seguro (m)	bi'tuaχ	בִּיטוּחַ (ז)
leilão (m)	meχira 'pombit	מְכִירָה פּוּמבִּית (נ)
notificar (vt)	leho'dia	לְהוֹדִיעַ
gestão (f)	nihul	נִיהוּל (ז)
serviço (indústria de ~s)	ʃirut	שִׁירוּת (ז)
fórum (m)	'forum	פוֹרוּם (ז)
funcionar (vi)	letafked	לְתַפקֵד
estágio (m)	ʃalav	שָׁלָב (ז)
jurídico, legal (adj)	miʃpati	מִשׁפָּטִי
advogado (m)	oreχ din	עוֹרֵך דִין (ז)

72. Produção. Trabalhos

usina (f)	mif'al	מִפעָל (ז)
fábrica (f)	beit χa'roʃet	בֵּית חֲרוֹשֶׁת (ז)
oficina (f)	agaf	אֲגַף (ז)
local (m) de produção	mif'al	מִפעָל (ז)
indústria (f)	ta'asiya	תַעֲשִׂייָה (נ)
industrial (adj)	ta'asiyati	תַעֲשִׂייָתִי
indústria (f) pesada	ta'asiya kveda	תַעֲשִׂייָה כּבֵדָה (נ)
indústria (f) ligeira	ta'asiya kala	תַעֲשִׂייָה קַלָה (נ)
produção (f)	to'tseret	תוֹצֶרֶת (נ)
produzir (vt)	leyatser	לְייַצֵר
matérias-primas (f pl)	'χomer 'gelem	חוֹמֶר גֶלֶם (ז)
chefe (m) de obras	menahel avoda	מְנַהֵל עֲבוֹדָה (ז)
equipe (f)	'tsevet ovdim	צֶוֶות עוֹבדִים (ז)
operário (m)	po'el	פוֹעֵל (ז)
dia (m) de trabalho	yom avoda	יוֹם עֲבוֹדָה (ז)
intervalo (m)	hafsaka	הַפסָקָה (נ)
reunião (f)	yeʃiva	יְשִׁיבָה (נ)
discutir (vt)	ladun	לָדוּן
plano (m)	toχnit	תוֹכנִית (נ)
cumprir o plano	leva'tse'a et hatoχnit	לְבַצֵעַ אֶת הַתוֹכנִית
taxa (f) de produção	'ketsev tfuka	קֶצֶב תפוּקָה (ז)
qualidade (f)	eiχut	אֵיכוּת (נ)
controle (m)	bakara	בַּקָרָה (נ)
controle (m) da qualidade	bakarat eiχut	בַּקָרַת אֵיכוּת (נ)
segurança (f) no trabalho	betiχut beavoda	בְּטִיחוּת בָּעֲבוֹדָה (נ)
disciplina (f)	miʃ'ma'at	מִשׁמַעַת (נ)
infração (f)	hafara	הֲפָרָה (נ)

violar (as regras)	lehafer	לְהָפֵר
greve (f)	ʃvita	שְׁבִיתָה (נ)
grevista (m)	ʃovet	שׁוֹבֵת (ז)
estar em greve	liʃbot	לִשְׁבּוֹת
sindicato (m)	igud ovdim	אִיגוּד עוֹבְדִים (ז)
inventar (vt)	lehamtsi	לְהַמְצִיא
invenção (f)	hamtsa'a	הַמְצָאָה (נ)
pesquisa (f)	meχkar	מֶחְקָר (ז)
melhorar (vt)	leʃaper	לְשַׁפֵּר
tecnologia (f)	teχno'logya	טֶכְנוֹלוֹגְיָה (נ)
desenho (m) técnico	sirtut	שִׂרְטוּט (ז)
carga (f)	mit'an	מִטְעָן (ז)
carregador (m)	sabal	סַבָּל (ז)
carregar (o caminhão, etc.)	leha'amis	לְהַעֲמִיס
carregamento (m)	ha'amasa	הַעֲמָסָה (נ)
descarregar (vt)	lifrok mit'an	לִפְרוֹק מִטְעָן
descarga (f)	prika	פְּרִיקָה (נ)
transporte (m)	hovala	הוֹבָלָה (נ)
companhia (f) de transporte	χevrat hovala	חֶבְרַת הוֹבָלָה (נ)
transportar (vt)	lehovil	לְהוֹבִיל
vagão (m) de carga	karon	קָרוֹן (ז)
tanque (m)	meχalit	מֵיכָלִית (נ)
caminhão (m)	masa'it	מַשָּׂאִית (נ)
máquina (f) operatriz	meχonat ibud	מְכוֹנַת עִיבּוּד (נ)
mecanismo (m)	manganon	מַנְגָּנוֹן (ז)
resíduos (m pl) industriais	'psolet ta'asiyatit	פְּסוֹלֶת תַּעֲשִׂיָּתִית (נ)
embalagem (f)	ariza	אֲרִיזָה (נ)
embalar (vt)	le'eroz	לֶאֱרוֹז

73. Contrato. Acordo

contrato (m)	χoze	חוֹזֶה (ז)
acordo (m)	heskem	הֶסְכֵּם (ז)
adendo, anexo (m)	'sefaχ	סְפַח (ז)
assinar o contrato	la'aroχ heskem	לַעֲרוֹךְ הֶסְכֵּם
assinatura (f)	χatima	חֲתִימָה (נ)
assinar (vt)	laχtom	לַחְתּוֹם
carimbo (m)	χo'temet	חוֹתֶמֶת (נ)
objeto (m) do contrato	nose haχoze	נוֹשֵׂא הַחוֹזֶה (ז)
cláusula (f)	se'if	סְעִיף (ז)
partes (f pl)	tsdadim	צְדָדִים (ז"ר)
domicílio (m) legal	'ktovet miʃpatit	כְּתוֹבֶת מִשְׁפָּטִית (נ)
violar o contrato	lehafer χoze	לְהָפֵר חוֹזֶה
obrigação (f)	hitχaivut	הִתְחַיְּיבוּת (נ)
responsabilidade (f)	aχrayut	אַחְרָיוּת (נ)

força (f) maior	'koax elyon	כּוֹחַ עֶלְיוֹן (ז)
litígio (m), disputa (f)	vi'kuax	וִיכּוּחַ (ז)
multas (f pl)	itsumim	עִיצוּמִים (ז"ר)

74. Importação & Exportação

importação (f)	ye'vu'a	יְבוּא (ז)
importador (m)	yevu'an	יְבוּאָן (ז)
importar (vt)	leyabe	לְיַבֵּא
de importação	meyuba	מְיוּבָּא

exportação (f)	yitsu	יִיצוּא (ז)
exportador (m)	yetsu'an	יְצוּאָן (ז)
exportar (vt)	leyatse	לְיַצֵּא
de exportação	ʃel yitsu	שֶׁל יִיצוּא

| mercadoria (f) | sxora | סְחוֹרָה (נ) |
| lote (de mercadorias) | miʃ'loax | מִשְׁלוֹחַ (ז) |

peso (m)	miʃkal	מִשְׁקָל (ז)
volume (m)	'nefax	נֶפַח (ז)
metro (m) cúbico	'meter me'ukav	מֶטֶר מְעוּקָב (ז)

produtor (m)	yatsran	יַצְרָן (ז)
companhia (f) de transporte	xevrat hovala	חֶבְרַת הוֹבָלָה (נ)
contêiner (m)	mexula	מְכוּלָה (נ)

fronteira (f)	gvul	גְבוּל (ז)
alfândega (f)	'mexes	מֶכֶס (ז)
taxa (f) alfandegária	mas 'mexes	מַס מֶכֶס (ז)
funcionário (m) da alfândega	pakid 'mexes	פָּקִיד מֶכֶס (ז)
contrabando (atividade)	havraxa	הַבְרָחָה (נ)
contrabando (produtos)	sxora muv'rexet	סְחוֹרָה מוּבְרַחַת (נ)

75. Finanças

ação (f)	menaya	מְנָיָה (נ)
obrigação (f)	i'geret xov	אִיגֶרֶת חוֹב (נ)
nota (f) promissória	ʃtar xalifin	שְׁטָר חֲלִיפִין (ז)

| bolsa (f) de valores | 'bursa | בּוּרְסָה (נ) |
| cotação (m) das ações | mexir hamenaya | מְחִיר הַמְנָיָה (ז) |

| tornar-se mais barato | la'redet bemexir | לָרֶדֶת בְּמְחִיר |
| tornar-se mais caro | lehityaker | לְהִתְיַיקֵר |

| parte (f) | menaya | מְנָיָה (נ) |
| participação (f) majoritária | ʃlita | שְׁלִיטָה (נ) |

investimento (m)	haʃka'ot	הַשְׁקָעוֹת (נ"ר)
investir (vt)	lehaʃ'ki'a	לְהַשְׁקִיע
porcentagem (f)	axuz	אָחוּז (ז)

juros (m pl)	ribit	רִיבִּית (נ)
lucro (m)	'revaχ	רֶוַוח (ז)
lucrativo (adj)	rivχi	רִווחִי
imposto (m)	mas	מַס (ז)
divisa (f)	mat'be'a	מַטבֵּעַ (ז)
nacional (adj)	le'umi	לְאוּמִי
câmbio (m)	hamara	הָמָרָה (נ)
contador (m)	ro'e χeʃbon	רוֹאֵה חֶשבּוֹן (ז)
contabilidade (f)	hanhalat χeʃbonot	הַנהָלַת חֶשבּוֹנוֹת (נ)
falência (f)	pʃitat 'regel	פּשִיטַת רֶגֶל (נ)
falência, quebra (f)	krisa	קרִיסָה (נ)
ruína (f)	pʃitat 'regel	פּשִיטַת רֶגֶל (נ)
estar quebrado	liʃʃot 'regel	לִפשוֹט רֶגֶל
inflação (f)	inf'latsya	אִינפלַצִיָה (נ)
desvalorização (f)	piχut	פִּיחוּת (ז)
capital (m)	hon	הוֹן (ז)
rendimento (m)	haχnasa	הַכנָסָה (נ)
volume (m) de negócios	maχzor	מַחזוֹר (ז)
recursos (m pl)	maʃ'abim	מַשאַבִּים (ז"ר)
recursos (m pl) financeiros	emtsa'im kaspiyim	אֶמצָעִים כַּספִּיִים (ז"ר)
despesas (f pl) gerais	hotsa'ot	הוֹצָאוֹת (נ"ר)
reduzir (vt)	letsamtsem	לְצַמצֵם

76. Marketing

marketing (m)	ʃivuk	שִיווּק (ז)
mercado (m)	ʃuk	שוּק (ז)
segmento (m) do mercado	'pelaχ ʃuk	פֶּלַח שוּק (ז)
produto (m)	mutsar	מוּצָר (ז)
mercadoria (f)	sχora	סחוֹרָה (נ)
marca (f)	mutag	מוּתָג (ז)
marca (f) registrada	'semel misχari	סֵמֶל מִסחָרִי (ז)
logotipo (m)	'semel haχevra	סֵמֶל הַחֶברָה (ז)
logo (m)	'logo	לוֹגוֹ (ז)
demanda (f)	bikuʃ	בִּיקוּש (ז)
oferta (f)	he'tse'a	הֶיצֵע (ז)
necessidade (f)	'tsoreχ	צוֹרֶך (ז)
consumidor (m)	tsarχan	צַרכָן (ז)
análise (f)	ni'tuaχ	נִיתוּחַ (ז)
analisar (vt)	lena'teaχ	לְנַתֵחַ
posicionamento (m)	mitsuv	מִיצוּב (ז)
posicionar (vt)	lematsev	לְמַצֵב
preço (m)	meχir	מְחִיר (ז)
política (f) de preços	mediniyut timχur	מְדִינִיוּת תָמחוּר (נ)
formação (f) de preços	hamχara	הַמחָרָה (נ)

77. Publicidade

publicidade (f)	pirsum	פָּרְסוֹם (ז)
fazer publicidade	lefarsem	לְפַרְסֵם
orçamento (m)	taktsiv	תַּקְצִיב (ז)
anúncio (m)	pir'somet	פִּרְסוֹמֶת (נ)
publicidade (f) na TV	pir'somet tele'vizya	פִּרְסוֹמֶת טֶלֶוִוִיזְיָה (נ)
publicidade (f) na rádio	pir'somet 'radyo	פִּרְסוֹמֶת רַדְיוֹ (נ)
publicidade (f) exterior	pirsum xutsot	פִּרְסוֹם חוּצוֹת (ז)
comunicação (f) de massa	emtsa'ei tik'foret hamonim	אֶמְצָעֵי תִּקְשׁוֹרֶת הָמוֹנִים (ז״ר)
periódico (m)	ktav et	כְּתַב עֵת (ז)
imagem (f)	tadmit	תַּדְמִית (נ)
slogan (m)	sisma	סִיסְמָה (נ)
mote (m), lema (f)	'moto	מוֹטוֹ (ז)
campanha (f)	masa	מַסָּע (ז)
campanha (f) publicitária	masa pirsum	מַסָּע פִּרְסוֹם (ז)
grupo (m) alvo	oxlusiyat 'ya'ad	אוֹכְלוּסִיַּית יַעַד (נ)
cartão (m) de visita	kartis bikur	כַּרְטִיס בִּיקוּר (ז)
panfleto (m)	alon	עָלוֹן (ז)
brochura (f)	xo'veret	חוֹבֶרֶת (נ)
folheto (m)	alon	עָלוֹן (ז)
boletim (~ informativo)	alon meida	עָלוֹן מֵידָע (ז)
letreiro (m)	'felet	שֶׁלֶט (ז)
cartaz, pôster (m)	'poster	פּוֹסְטֶר (ז)
painel (m) publicitário	'luax pirsum	לוּחַ פִּרְסוֹם (ז)

78. Banca

banco (m)	bank	בַּנְק (ז)
balcão (f)	snif	סָנִיף (ז)
consultor (m) bancário	yo'ets	יוֹעֵץ (ז)
gerente (m)	menahel	מְנַהֵל (ז)
conta (f)	xeshbon	חֶשְׁבּוֹן (ז)
número (m) da conta	mispar xeshbon	מִסְפַּר חֶשְׁבּוֹן (ז)
conta (f) corrente	xeshbon over vafav	חֶשְׁבּוֹן עוֹבֵר וָשָׁב (ז)
conta (f) poupança	xeshbon xisaxon	חֶשְׁבּוֹן חִסָּכוֹן (ז)
abrir uma conta	lif'toax xeshbon	לִפְתוֹחַ חֶשְׁבּוֹן
fechar uma conta	lisgor xeshbon	לִסְגוֹר חֶשְׁבּוֹן
depositar na conta	lehafkid lexeshbon	לְהַפְקִיד לְחֶשְׁבּוֹן
sacar (vt)	limfox mexeshbon	לִמְשׁוֹך מֵחֶשְׁבּוֹן
depósito (m)	pikadon	פִּיקָדוֹן (ז)
fazer um depósito	lehafkid	לְהַפְקִיד
transferência (f) bancária	ha'avara banka'it	הַעֲבָרָה בַּנְקָאִית (נ)

transferir (vt)	leha'avir 'kesef	לְהַעֲבִיר כֶּסֶף
soma (f)	sχum	סכוּם (ז)
Quanto?	'kama?	כַּמָה?

| assinatura (f) | χatima | חֲתִימָה (נ) |
| assinar (vt) | laχtom | לַחְתוֹם |

cartão (m) de crédito	kartis aʃrai	כַּרְטִיס אַשְׁרַאי (ז)
senha (f)	kod	קוֹד (ז)
número (m) do cartão de crédito	mispar kartis aʃrai	מִסְפָּר כַּרְטִיס אַשְׁרַאי (ז)
caixa (m) eletrônico	kaspomat	כַּספּוֹמָט (ז)

cheque (m)	tʃek	צֶ'ק (ז)
passar um cheque	liχtov tʃek	לִכְתוֹב צֶ'ק
talão (m) de cheques	pinkas 'tʃekim	פִּנקָס צֶ'קִים (ז)

empréstimo (m)	halva'a	הַלווָאָה (נ)
pedir um empréstimo	levakeʃ halva'a	לְבַקֵשׁ הַלווָאָה
obter empréstimo	lekabel halva'a	לְקַבֵּל הַלווָאָה
dar um empréstimo	lehalvot	לְהַלווֹת
garantia (f)	arvut	עַרבוּת (נ)

79. Telefone. Conversação telefônica

telefone (m)	'telefon	טֶלֶפוֹן (ז)
celular (m)	'telefon nayad	טֶלֶפוֹן נַייָד (ז)
secretária (f) eletrônica	meʃivon	מְשִׁיבוֹן (ז)

| fazer uma chamada | letsaltsel | לְצַלצֵל |
| chamada (f) | siχat 'telefon | שִׂיחַת טֶלֶפוֹן (נ) |

discar um número	leχayeg mispar	לְחַייֵג מִסְפָּר
Alô!	'halo!	הָלוֹ!
perguntar (vt)	liʃol	לִשְׁאוֹל
responder (vt)	la'anot	לַעֲנוֹת

ouvir (vt)	liʃ'mo'a	לִשְׁמוֹעַ
bem	tov	טוֹב
mal	lo tov	לֹא טוֹב
ruído (m)	hafra'ot	הַפרָעוֹת (נ"ר)

fone (m)	ʃfo'feret	שפוֹפֶרֶת (נ)
pegar o telefone	leharim ʃfo'feret	לְהָרִים שפוֹפֶרֶת
desligar (vi)	leha'niaχ ʃfo'feret	לְהָנִיחַ שפוֹפֶרֶת

ocupado (adj)	tafus	תָפוּס
tocar (vi)	letsaltsel	לְצַלצֵל
lista (f) telefônica	'sefer tele'fonim	סֵפֶר טֶלֶפוֹנִים (ז)
local (adj)	mekomi	מְקוֹמִי
chamada (f) local	siχa mekomit	שִׂיחָה מְקוֹמִית (נ)
de longa distância	bein ironi	בֵּין עִירוֹנִי
chamada (f) de longa distância	siχa bein ironit	שִׂיחָה בֵּין עִירוֹנִית (נ)

| internacional (adj) | benle'umi | בֵּינְלְאוּמִי |
| chamada (f) internacional | siχa benle'umit | שִׂיחָה בֵּינְלְאוּמִית (נ) |

80. Telefone móvel

celular (m)	'telefon nayad	טֶלֶפוֹן נָיָד (ז)
tela (f)	masaχ	מָסָךְ (ז)
botão (m)	kaftor	כַּפְתּוֹר (ז)
cartão SIM (m)	kartis sim	כַּרְטִיס סִים (ז)
bateria (f)	solela	סוֹלְלָה (נ)
descarregar-se (vr)	lehitroken	לְהִתְרוֹקֵן
carregador (m)	mit'an	מִטְעָן (ז)
menu (m)	tafrit	תַּפְרִיט (ז)
configurações (f pl)	hagdarot	הַגְדָּרוֹת (נ"ר)
melodia (f)	mangina	מַנְגִּינָה (נ)
escolher (vt)	livχor	לִבְחוֹר
calculadora (f)	maχʃevon	מַחְשְׁבוֹן (ז)
correio (m) de voz	ta koli	תָּא קוֹלִי (ז)
despertador (m)	ʃa'on me'orer	שָׁעוֹן מְעוֹרֵר (ז)
contatos (m pl)	anʃei 'keʃer	אַנְשֵׁי קֶשֶׁר (ז"ר)
mensagem (f) de texto	misron	מִסְרוֹן (ז)
assinante (m)	manui	מָנוּי (ז)

81. Estacionário

caneta (f)	et kaduri	עֵט כַּדּוּרִי (ז)
caneta (f) tinteiro	et no've'a	עֵט נוֹבֵעַ (ז)
lápis (m)	iparon	עִיפָּרוֹן (ז)
marcador (m) de texto	'marker	מַרְקֵר (ז)
caneta (f) hidrográfica	tuʃ	טוּש (ז)
bloco (m) de notas	pinkas	פִּנְקָס (ז)
agenda (f)	yoman	יוֹמָן (ז)
régua (f)	sargel	סַרְגֵּל (ז)
calculadora (f)	maχʃevon	מַחְשְׁבוֹן (ז)
borracha (f)	'maχak	מַחַק (ז)
alfinete (m)	'na'ats	נַעַץ (ז)
clipe (m)	mehadek	מְהַדֵּק (ז)
cola (f)	'devek	דֶּבֶק (ז)
grampeador (m)	ʃadχan	שַׁדְכָן (ז)
furador (m) de papel	menakev	מְנַקֵּב (ז)
apontador (m)	maχded	מַחְדֵּד (ז)

82. Tipos de negócios

serviços (m pl) de contabilidade	ʃerutei hanhalat χeʃbonot	שֵׁירוּתֵי הַנְהָלַת חֶשְׁבּוֹנוֹת (ז״ר)
publicidade (f)	pirsum	פִּרְסוּם (ז)
agência (f) de publicidade	soχnut pirsum	סוֹכְנוּת פִּרְסוּם (נ)
ar (m) condicionado	mazganim	מַזְגָּנִים (ז״ר)
companhia (f) aérea	χevrat te'ufa	חֶבְרַת תְּעוּפָה (נ)
bebidas (f pl) alcoólicas	maʃka'ot χarifim	מַשְׁקָאוֹת חֲרִיפִים (נ״ר)
comércio (m) de antiguidades	atikot	עַתִּיקוֹת (נ״ר)
galeria (f) de arte	ga'lerya le'amanut	גָּלֶרְיָה לְאָמָנוּת (נ)
serviços (m pl) de auditoria	ʃerutei bi'koret χeʃbonot	שֵׁירוּתֵי בִּיקּוֹרֶת חֶשְׁבּוֹנוֹת (ז״ר)
negócios (m pl) bancários	banka'ut	בַּנְקָאוּת (נ)
bar (m)	bar	בָּר (ז)
salão (m) de beleza	meχon 'yofi	מְכוֹן יוֹפִי (ז)
livraria (f)	χanut sfarim	חֲנוּת סְפָרִים (נ)
cervejaria (f)	miv'ʃelet 'bira	מִבְשֶׁלֶת בִּירָה (נ)
centro (m) de escritórios	merkaz asakim	מֶרְכַּז עֲסָקִים (ז)
escola (f) de negócios	beit 'sefer le'asakim	בֵּית סֵפֶר לַעֲסָקִים (ז)
cassino (m)	ka'zino	קָזִינוֹ (ז)
construção (f)	bniya	בְּנִייָה (נ)
consultoria (f)	yi'uts	יִיעוּץ (ז)
clínica (f) dentária	mirpa'at ʃi'nayim	מִרְפָּאַת שִׁינַיִים (נ)
design (m)	itsuv	עִיצוּב (ז)
drogaria (f)	beit mir'kaχat	בֵּית מִרְקַחַת (ז)
lavanderia (f)	nikui yaveʃ	נִיקּוּי יָבֵשׁ (ז)
agência (f) de emprego	soχnut 'koaχ adam	סוֹכְנוּת כּוֹחַ אָדָם (נ)
serviços (m pl) financeiros	ʃerutim fi'nansim	שֵׁירוּתִים פִינַנְסִיִים (ז״ר)
alimentos (m pl)	mutsrei mazon	מוּצְרֵי מָזוֹן (ז״ר)
funerária (f)	beit levayot	בֵּית לְוָויוֹת (ז)
mobiliário (m)	rehitim	רָהִיטִים (ז״ר)
roupa (f)	bgadim	בְּגָדִים (ז״ר)
hotel (m)	beit malon	בֵּית מָלוֹן (ז)
sorvete (m)	'glida	גְּלִידָה (נ)
indústria (f)	ta'asiya	תַּעֲשִׂייָה (נ)
seguro (~ de vida, etc.)	bi'tuaχ	בִּיטּוּחַ (ז)
internet (f)	'internet	אִינְטֶרְנֶט (ז)
investimento (m)	haʃka'ot	הַשְׁקָעוֹת (נ״ר)
joalheiro (m)	tsoref	צוֹרֵף (ז)
joias (f pl)	taχʃitim	תַּכְשִׁיטִים (ז״ר)
lavanderia (f)	miχbasa	מִכְבָּסָה (נ)
assessorias (f pl) jurídicas	yo'ets miʃpati	יוֹעֵץ מִשְׁפָּטִי (ז)
indústria (f) ligeira	ta'asiya kala	תַּעֲשִׂייָה קַלָּה (נ)
revista (f)	ʒurnal	ז׳וּרְנָל (ז)
vendas (f pl) por catálogo	meχira be'do'ar	מְכִירָה בְּדוֹאַר (נ)
medicina (f)	refu'a	רְפוּאָה (נ)
cinema (m)	kol'no'a	קוֹלְנוֹעַ (ז)

museu (m)	muze'on	מוּזֵיאוֹן (ז)
agência (f) de notícias	soxnut yedi'ot	סוֹכְנוּת יְדִיעוֹת (נ)
jornal (m)	iton	עִיתוֹן (ז)
boate (casa noturna)	mo'adon 'laila	מוֹעֲדוֹן לַיְלָה (ז)
petróleo (m)	neft	נֵפְט (ז)
serviços (m pl) de remessa	ʃirut ʃlixim	שֵׁירוּת שְׁלִיחִים (ז)
indústria (f) farmacêutica	rokxut	רוֹקְחוּת (נ)
tipografia (f)	beit dfus	בֵּית דְפוּס (ז)
editora (f)	hotsa'a la'or	הוֹצָאָה לָאוֹר (נ)
rádio (m)	'radyo	רָדִיוֹ (ז)
imobiliário (m)	nadlan	נַדְלָ"ן (ז)
restaurante (m)	mis'ada	מִסְעָדָה (נ)
empresa (f) de segurança	xevrat ʃmira	חֶבְרַת שְׁמִירָה (נ)
esporte (m)	sport	סְפּוֹרְט (ז)
bolsa (f) de valores	'bursa	בּוּרְסָה (נ)
loja (f)	xanut	חֲנוּת (נ)
supermercado (m)	super'market	סוּפֶּרְמַרְקֶט (ז)
piscina (f)	brexat sxiya	בְּרֵיכַת שְׂחִייָה (נ)
alfaiataria (f)	mitpara	מִתְפָּרָה (נ)
televisão (f)	tele'vizya	טֶלֶוִויזְיָה (נ)
teatro (m)	te'atron	תֵיאַטְרוֹן (ז)
comércio (m)	misxar	מִסְחָר (ז)
serviços (m pl) de transporte	hovalot	הוֹבָלוֹת (נ"ר)
viagens (f pl)	tayarut	תַיָירוּת (נ)
veterinário (m)	veterinar	וֶטֶרִינָר (ז)
armazém (m)	maxsan	מַחְסָן (ז)
recolha (f) do lixo	isuf 'zevel	אִיסוּף זֶבֶל (ז)

Emprego. Negócios. Parte 2

83. Espetáculo. Feira

feira, exposição (f)	ta'aruχa	תַּעֲרוּכָה (נ)
feira (f) comercial	ta'aruχa misχarit	תַּעֲרוּכָה מִסְחָרִית (נ)
participação (f)	hiʃtatfut	הִשְׁתַּתְּפוּת (נ)
participar (vi)	lehiʃtatef	לְהִשְׁתַּתֵּף
participante (m)	miʃtatef	מִשְׁתַּתֵּף (ז)
diretor (m)	menahel	מְנַהֵל (ז)
direção (f)	misrad hame'argenim	מִשְׂרַד הַמְאַרְגְנִים (ז)
organizador (m)	me'argen	מְאַרְגֵן (ז)
organizar (vt)	le'argen	לְאַרְגֵן
ficha (f) de inscrição	'tofes hiʃtatfut	טוֹפֶס הִשְׁתַּתְּפוּת (ז)
preencher (vt)	lemale	לְמַלֵא
detalhes (m pl)	pratim	פְּרָטִים (ז"ר)
informação (f)	meida	מֵידָע (ז)
preço (m)	meχir	מְחִיר (ז)
incluindo	kolel	כּוֹלֵל
incluir (vt)	liχlol	לִכְלוֹל
pagar (vt)	leʃalem	לְשַׁלֵם
taxa (f) de inscrição	dmei riʃum	דְמֵי רִישׁוּם (ז"ר)
entrada (f)	knisa	כְּנִיסָה (נ)
pavilhão (m), salão (f)	bitan	בִּיתָן (ז)
inscrever (vt)	lirʃom	לִרְשׁוֹם
crachá (m)	tag	תָג (ז)
stand (m)	duχan	דוּכָן (ז)
reservar (vt)	liʃmor	לִשְׁמוֹר
vitrine (f)	madaf tetsuga	מַדָף תְצוּגָה (ז)
lâmpada (f)	menorat spot	מְנוֹרַת סְפּוֹט (נ)
design (m)	itsuv	עִיצוּב (ז)
pôr (posicionar)	la'aroχ	לַעֲרוֹךְ
ser colocado, -a	lehimatse	לְהִימָצֵא
distribuidor (m)	mefits	מֵפִיץ (ז)
fornecedor (m)	sapak	סַפָּק (ז)
fornecer (vt)	lesapek	לְסַפֵּק
país (m)	medina	מְדִינָה (נ)
estrangeiro (adj)	meχul	מְחוּ"ל
produto (m)	mutsar	מוּצָר (ז)
associação (f)	amuta	עֲמוּתָה (נ)
sala (f) de conferência	ulam knasim	אוּלַם כְּנָסִים (ז)

congresso (m)	kongres	קוֹנגרֵס (ז)
concurso (m)	taxarut	תַּחֲרוּת (נ)

visitante (m)	mevaker	מְבַקֵר (ז)
visitar (vt)	levaker	לְבַקֵר
cliente (m)	la'koax	לָקוֹחַ (ז)

84. Ciência. Investigação. Cientistas

ciência (f)	mada	מַדָע (ז)
científico (adj)	mada'i	מַדָעִי
cientista (m)	mad'an	מַדעָן (ז)
teoria (f)	te''orya	תֵיאוֹרִיָה (נ)

axioma (m)	aks'yoma	אַקסִיוֹמָה (נ)
análise (f)	ni'tuax	נִיתוּחַ (ז)
analisar (vt)	lena'teax	לְנַתֵח
argumento (m)	nimuk	נִימוּק (ז)
substância (f)	'xomer	חוֹמֶר (ז)

hipótese (f)	hipo'teza	הִיפּוֹתֵזָה (נ)
dilema (m)	di'lema	דִילֶמָה (נ)
tese (f)	diser'tatsya	דִיסֶרטַציָה (נ)
dogma (m)	'dogma	דוֹגמָה (נ)

doutrina (f)	dok'trina	דוֹקטרִינָה (נ)
pesquisa (f)	mexkar	מֶחקָר (ז)
pesquisar (vt)	laxkor	לַחקוֹר
testes (m pl)	nuisuyim	נִיסוּיִים (ז"ר)
laboratório (m)	ma'abada	מַעֲבָּדָה (נ)

método (m)	ʃita	שִיטָה (נ)
molécula (f)	mo'lekula	מוֹלקוּלָה (נ)
monitoramento (m)	nitur	נִיטוּר (ז)
descoberta (f)	gilui	גִילוּי (ז)

postulado (m)	aks'yoma	אַקסִיוֹמָה (נ)
princípio (m)	ikaron	עִיקָרוֹן (ז)
prognóstico (previsão)	taxazit	תַחֲזִית (נ)
prognosticar (vt)	laxazot	לַחֲזוֹת

síntese (f)	sin'teza	סִינתֵזָה (נ)
tendência (f)	megama	מְגָמָה (נ)
teorema (m)	miʃpat	מִשפָּט (ז)

ensinamentos (m pl)	tora	תוֹרָה (נ)
fato (m)	uvda	עוּבדָה (נ)
expedição (f)	miʃ'laxat	מִשלַחַת (נ)
experiência (f)	nisui	נִיסוּי (ז)

acadêmico (m)	akademai	אֲקָדֵמַאי (ז)
bacharel (m)	'to'ar riʃon	תוֹאַר רִאשוֹן (ז)
doutor (m)	'doktor	דוֹקטוֹר (ז)
professor (m) associado	martse baxir	מַרצֶה בָּכִיר (ז)

mestrado (m)	musmaχ	מוּסְמָךְ (ז)
professor (m)	pro'fesor	פְּרוֹפֶסוֹר (ז)

Profissões e ocupações

85. Procura de emprego. Demissão

trabalho (m)	avoda	עֲבוֹדָה (נ)
equipe (f)	'segel	סֶגֶל (ז)
pessoal (m)	'segel	סֶגֶל (ז)
carreira (f)	kar'yera	קַרְיֶירָה (נ)
perspectivas (f pl)	efʃaruyot	אֶפְשָׁרוּיוֹת (נ"ר)
habilidades (f pl)	meyumanut	מְיוּמָנוּת (נ)
seleção (f)	sinun	סִינוּן (ז)
agência (f) de emprego	soχnut 'koaχ adam	סוֹכְנוּת כּוֹחַ אָדָם (נ)
currículo (m)	korot χayim	קוֹרוֹת חַיִּים (נ"ר)
entrevista (f) de emprego	ra'ayon avoda	רַאֲיוֹן עֲבוֹדָה (ז)
vaga (f)	misra pnuya	מִשְׂרָה פְּנוּיָה (נ)
salário (m)	mas'koret	מַשְׂכּוֹרֶת (נ)
salário (m) fixo	mas'koret kvuʻa	מַשְׂכּוֹרֶת קְבוּעָה (נ)
pagamento (m)	taʃlum	תַּשְׁלוּם (ז)
cargo (m)	tafkid	תַּפְקִיד (ז)
dever (do empregado)	χova	חוֹבָה (נ)
gama (f) de deveres	tχum aχrayut	תְחוּם אַחְרָיוּת (ז)
ocupado (adj)	asuk	עָסוּק
despedir, demitir (vt)	lefater	לְפַטֵּר
demissão (f)	pitur	פִּיטוּר (ז)
desemprego (m)	avtala	אַבְטָלָה (נ)
desempregado (m)	muvtal	מוּבְטָל (ז)
aposentadoria (f)	'pensya	פֶּנְסְיָה (נ)
aposentar-se (vr)	latset legimla'ot	לָצֵאת לְגִימְלָאוֹת

86. Gente de negócios

diretor (m)	menahel	מְנַהֵל (ז)
gerente (m)	menahel	מְנַהֵל (ז)
patrão, chefe (m)	bos	בּוֹס (ז)
superior (m)	memune	מְמוּנֶה (ז)
superiores (m pl)	memunim	מְמוּנִים (ז"ר)
presidente (m)	nasi	נָשִׂיא (ז)
chairman (m)	yoʃev roʃ	יוֹשֵׁב רֹאשׁ (ז)
substituto (m)	sgan	סְגָן (ז)
assistente (m)	ozer	עוֹזֵר (ז)

secretário (m)	mazkir	מַזְכִּיר (ז)
secretário (m) pessoal	mazkir iʃi	מַזְכִּיר אִישִׁי (ז)
homem (m) de negócios	iʃ asakim	אִישׁ עֲסָקִים (ז)
empreendedor (m)	yazam	יָזָם (ז)
fundador (m)	meyased	מְיַיסֵד (ז)
fundar (vt)	leyased	לְיַיסֵד
principiador (m)	meχonen	מְכוֹנֵן (ז)
parceiro, sócio (m)	ʃutaf	שׁוּתָף (ז)
acionista (m)	'ba'al menayot	בַּעַל מְנָיוֹת (ז)
milionário (m)	milyoner	מִילְיוֹנֶר (ז)
bilionário (m)	milyarder	מִילְיַארְדֶר (ז)
proprietário (m)	be'alim	בְּעָלִים (ז)
proprietário (m) de terras	'ba'al adamot	בַּעַל אֲדָמוֹת (ז)
cliente (m)	la'koaχ	לָקוֹחַ (ז)
cliente (m) habitual	la'koaχ ka'vu'a	לָקוֹחַ קָבוּעַ (ז)
comprador (m)	kone	קוֹנֶה (ז)
visitante (m)	mevaker	מְבַקֵר (ז)
profissional (m)	miktso'an	מִקצוֹעָן (ז)
perito (m)	mumχe	מוּמחֶה (ז)
especialista (m)	mumχe	מוּמחֶה (ז)
banqueiro (m)	bankai	בַּנקַאי (ז)
corretor (m)	soχen	סוֹכֵן (ז)
caixa (m, f)	kupai	קוּפַּאי (ז)
contador (m)	menahel χeʃbonot	מְנַהֵל חֶשׁבּוֹנוֹת (ז)
guarda (m)	ʃomer	שׁוֹמֵר (ז)
investidor (m)	maʃki'a	מַשׁקִיעַ (ז)
devedor (m)	'ba'al χov	בַּעַל חוֹב (ז)
credor (m)	malve	מַלוֶה (ז)
mutuário (m)	love	לוֶֹה (ז)
importador (m)	yevu'an	יְבוּאָן (ז)
exportador (m)	yetsu'an	יְצוּאָן (ז)
produtor (m)	yatsran	יַצרָן (ז)
distribuidor (m)	mefits	מֵפִיץ (ז)
intermediário (m)	metaveχ	מְתַוֵוךְ (ז)
consultor (m)	yo'ets	יוֹעֵץ (ז)
representante comercial	natsig meχirot	נָצִיג מְכִירוֹת (ז)
agente (m)	soχen	סוֹכֵן (ז)
agente (m) de seguros	soχen bi'tuaχ	סוֹכֵן בִּיטוּחַ (ז)

87. Profissões de serviços

cozinheiro (m)	tabaχ	טַבָּח (ז)
chefe (m) de cozinha	ʃef	שֶׁף (ז)

padeiro (m)	ofe	אוֹפֶה (ז)
barman (m)	'barmen	בַּרְמֶן (ז)
garçom (m)	meltsar	מֶלְצָר (ז)
garçonete (f)	meltsarit	מֶלְצָרִית (נ)

advogado (m)	oreҳ din	עוֹרֵךְ דִּין (ז)
jurista (m)	oreҳ din	עוֹרֵךְ דִּין (ז)
notário (m)	notaryon	נוֹטַרְיוֹן (ז)

eletricista (m)	ҳaʃmalai	חַשְׁמַלַּאי (ז)
encanador (m)	ʃravrav	שְׁרַבְרַב (ז)
carpinteiro (m)	nagar	נַגָּר (ז)

massagista (m)	ma'ase	מְעַסֶּה (ז)
massagista (f)	masa'ʒistit	מַסָזְ'יסְטִית (נ)
médico (m)	rofe	רוֹפֵא (ז)

taxista (m)	nahag monit	נֶהָג מוֹנִית (ז)
condutor (automobilista)	nahag	נֶהָג (ז)
entregador (m)	ʃa'liaҳ	שָׁלִיחַ (ז)

camareira (f)	ҳadranit	חַדְרָנִית (נ)
guarda (m)	ʃomer	שׁוֹמֵר (ז)
aeromoça (f)	da'yelet	דַּיָּלֶת (נ)

professor (m)	more	מוֹרֶה (ז)
bibliotecário (m)	safran	סַפְרָן (ז)
tradutor (m)	metargem	מְתַרְגֵּם (ז)
intérprete (m)	meturgeman	מְתוּרְגְּמָן (ז)
guia (m)	madriҳ tiyulim	מַדְרִיךְ טִיּוּלִים (ז)

cabeleireiro (m)	sapar	סַפָּר (ז)
carteiro (m)	davar	דַּוָּר (ז)
vendedor (m)	moҳer	מוֹכֵר (ז)

jardineiro (m)	ganan	גַּנָּן (ז)
criado (m)	meʃaret	מְשָׁרֵת (ז)
criada (f)	meʃa'retet	מְשָׁרֶתֶת (נ)
empregada (f) de limpeza	menaka	מְנַקָּה (נ)

88. Profissões militares e postos

soldado (m) raso	turai	טוּרַאי (ז)
sargento (m)	samal	סַמָּל (ז)
tenente (m)	'segen	סֶגֶן (ז)
capitão (m)	'seren	סֶרֶן (ז)

major (m)	rav 'seren	רַב־סֶרֶן (ז)
coronel (m)	aluf miʃne	אַלּוּף מִשְׁנֶה (ז)
general (m)	aluf	אַלּוּף (ז)
marechal (m)	'marʃal	מַרְשָׁל (ז)
almirante (m)	admiral	אַדְמִירָל (ז)
militar (m)	iʃ tsava	אִישׁ צָבָא (ז)
soldado (m)	ҳayal	חַיָּל (ז)

oficial (m)	katsin	קָצִין (ז)
comandante (m)	mefaked	מְפַקֵּד (ז)
guarda (m) de fronteira	ʃomer gvul	שׁוֹמֵר גְּבוּל (ז)
operador (m) de rádio	alχutai	אַלְחוּטַאי (ז)
explorador (m)	iʃ modiʿin kravi	אִישׁ מוֹדִיעִין קְרָבִי (ז)
sapador-mineiro (m)	χablan	חַבְּלָן (ז)
atirador (m)	tsalaf	צַלָּף (ז)
navegador (m)	navat	נַוָּט (ז)

89. Oficiais. Padres

rei (m)	'meleχ	מֶלֶךְ (ז)
rainha (f)	malka	מַלְכָּה (נ)
príncipe (m)	nasiχ	נָסִיךְ (ז)
princesa (f)	nesiχa	נְסִיכָה (נ)
czar (m)	tsar	צָאר (ז)
czarina (f)	tsa'rina	צָאֲרִינָה (נ)
presidente (m)	nasi	נָשִׂיא (ז)
ministro (m)	sar	שַׂר (ז)
primeiro-ministro (m)	roʃ memʃala	רֹאשׁ מֶמְשָׁלָה (ז)
senador (m)	se'nator	סֶנָאטוֹר (ז)
diplomata (m)	diplomat	דִּיפְּלוֹמָט (ז)
cônsul (m)	'konsul	קוֹנְסוּל (ז)
embaixador (m)	ʃagrir	שַׁגְרִיר (ז)
conselheiro (m)	yo'ets	יוֹעֵץ (ז)
funcionário (m)	pakid	פָּקִיד (ז)
prefeito (m)	prefekt	פְּרֶפֶקְט (ז)
Presidente (m) da Câmara	roʃ ha'ir	רֹאשׁ הָעִיר (ז)
juiz (m)	ʃofet	שׁוֹפֵט (ז)
procurador (m)	to've'a	תּוֹבֵעַ (ז)
missionário (m)	misyoner	מִיסִיוֹנֶר (ז)
monge (m)	nazir	נָזִיר (ז)
abade (m)	roʃ minzar ka'toli	רֹאשׁ מִנְזָר קָתוֹלִי (ז)
rabino (m)	rav	רַב (ז)
vizir (m)	vazir	וָזִיר (ז)
xá (m)	ʃaχ	שָׁאח (ז)
xeique (m)	ʃeiχ	שֵׁיח (ז)

90. Profissões agrícolas

abelheiro (m)	kavran	כַּוְרָן (ז)
pastor (m)	ro'e tson	רוֹעֵה צֹאן (ז)
agrônomo (m)	agronom	אַגְרוֹנוֹם (ז)

criador (m) de gado	megadel bakar	מְגַדֵל בָּקָר (ז)
veterinário (m)	veterinar	וֶטֶרִינָר (ז)

agricultor, fazendeiro (m)	χavai	חַוַּואי (ז)
vinicultor (m)	yeinan	יֵינָן (ז)
zoólogo (m)	zo'olog	זוֹאוֹלוֹג (ז)
vaqueiro (m)	'ka'uboi	קָאוּבּוֹי (ז)

91. Profissões artísticas

ator (m)	saχkan	שַׂחְקָן (ז)
atriz (f)	saχkanit	שַׂחְקָנִית (נ)

cantor (m)	zamar	זַמָּר (ז)
cantora (f)	za'meret	זַמֶּרֶת (נ)

bailarino (m)	rakdan	רַקְדָן (ז)
bailarina (f)	rakdanit	רַקְדָנִית (נ)

artista (m)	saχkan	שַׂחְקָן (ז)
artista (f)	saχkanit	שַׂחְקָנִית (נ)

músico (m)	muzikai	מוּזִיקַאי (ז)
pianista (m)	psantran	פְּסַנְתְּרָן (ז)
guitarrista (m)	nagan gi'tara	נַגָּן גִּיטָרָה (ז)

maestro (m)	mena'tseaχ	מְנַצֵּחַ (ז)
compositor (m)	malχin	מַלְחִין (ז)
empresário (m)	amargan	אָמַרְגָּן (ז)

diretor (m) de cinema	bamai	בַּמַאי (ז)
produtor (m)	mefik	מֵפִיק (ז)
roteirista (m)	tasritai	תַסְרִיטַאי (ז)
crítico (m)	mevaker	מְבַקֵר (ז)

escritor (m)	sofer	סוֹפֵר (ז)
poeta (m)	meʃorer	מְשׁוֹרֵר (ז)
escultor (m)	pasal	פַּסָל (ז)
pintor (m)	tsayar	צַיָּיר (ז)

malabarista (m)	lahatutan	לַהֲטוּטָן (ז)
palhaço (m)	leitsan	לֵיצָן (ז)
acrobata (m)	akrobat	אַקְרוֹבָּט (ז)
ilusionista (m)	kosem	קוֹסֵם (ז)

92. Várias profissões

médico (m)	rofe	רוֹפֵא (ז)
enfermeira (f)	aχot	אָחוֹת (נ)
psiquiatra (m)	psiχi"ater	פְּסִיכִיאָטֶר (ז)
dentista (m)	rofe ʃi'nayim	רוֹפֵא שִׁינַיִים (ז)
cirurgião (m)	kirurg	כִּירוּרְג (ז)

astronauta (m)	astro'na'ut	אַסטרוֹנָאוּט (ז)
astrônomo (m)	astronom	אַסטרוֹנוֹם (ז)
piloto (m)	tayas	טַיָּס (ז)
motorista (m)	nahag	נֶהָג (ז)
maquinista (m)	nahag ra'kevet	נֶהָג רַכֶּבֶת (ז)
mecânico (m)	meχonai	מְכוֹנַאי (ז)
mineiro (m)	kore	כּוֹרֶה (ז)
operário (m)	po'el	פּוֹעֵל (ז)
serralheiro (m)	misgad	מַסְגֵּד (ז)
marceneiro (m)	nagar	נַגָּר (ז)
torneiro (m)	χarat	חָרָט (ז)
construtor (m)	banai	בַּנַּאי (ז)
soldador (m)	rataχ	רַתָּך (ז)
professor (m)	pro'fesor	פּרוֹפֶסוֹר (ז)
arquiteto (m)	adriχal	אַדְרִיכָל (ז)
historiador (m)	historyon	הִיסטוֹריוֹן (ז)
cientista (m)	mad'an	מַדְעָן (ז)
físico (m)	fizikai	פִיזִיקַאי (ז)
químico (m)	χimai	כִימַאי (ז)
arqueólogo (m)	arχe'olog	אַרכֵיאוֹלוֹג (ז)
geólogo (m)	ge'olog	גֵיאוֹלוֹג (ז)
pesquisador (cientista)	χoker	חוֹקֵר (ז)
babysitter, babá (f)	∫martaf	שמַרטַף (ז)
professor (m)	more, meχaneχ	מוֹרֶה, מְחַנֵּךְ (ז)
redator (m)	oreχ	עוֹרֵךְ (ז)
redator-chefe (m)	oreχ ra∫i	עוֹרֵךְ רָאשִי (ז)
correspondente (m)	katav	כַּתָּב (ז)
datilógrafa (f)	kaldanit	קַלְדָנִית (נ)
designer (m)	me'atsev	מְעַצֵּב (ז)
especialista (m) em informática	mumχe maχ∫evim	מוּמחֶה מַחשְבִים (ז)
programador (m)	metaχnet	מְתַכנֵת (ז)
engenheiro (m)	mehandes	מְהַנדֵס (ז)
marujo (m)	yamai	יַמַאי (ז)
marinheiro (m)	malaχ	מַלָּח (ז)
socorrista (m)	matsil	מַצִּיל (ז)
bombeiro (m)	kabai	כַּבַּאי (ז)
polícia (m)	∫oter	שוֹטֵר (ז)
guarda-noturno (m)	∫omer	שוֹמֵר (ז)
detetive (m)	bala∫	בַּלָּש (ז)
funcionário (m) da alfândega	pakid 'meχes	פָּקִיד מֶכֶס (ז)
guarda-costas (m)	∫omer ro∫	שוֹמֵר רֹאש (ז)
guarda (m) prisional	soher	סוֹהֵר (ז)
inspetor (m)	mefa'keaχ	מְפַקֵּחַ (ז)
esportista (m)	sportai	ספוֹרטָאי (ז)
treinador (m)	me'amen	מְאַמֵן (ז)

açougueiro (m)	katsav	קַצָּב (ז)
sapateiro (m)	sandlar	סַנְדְּלָר (ז)
comerciante (m)	soχer	סוֹחֵר (ז)
carregador (m)	sabal	סַבָּל (ז)

estilista (m)	me'atsev ofna	מְעַצֵּב אוֹפְנָה (ז)
modelo (f)	dugmanit	דּוּגְמָנִית (נ)

93. Ocupações. Estatuto social

estudante (~ de escola)	talmid	תַּלְמִיד (ז)
estudante (~ universitária)	student	סְטוּדֶנְט (ז)
filósofo (m)	filosof	פִילוֹסוֹף (ז)
economista (m)	kalkelan	כַּלְכְּלָן (ז)
inventor (m)	mamtsi	מַמְצִיא (ז)
desempregado (m)	muvtal	מוּבְטָל (ז)
aposentado (m)	pensyoner	פֶּנְסִיוֹנֶר (ז)
espião (m)	meragel	מְרַגֵּל (ז)
preso, prisioneiro (m)	asir	אָסִיר (ז)
grevista (m)	ʃovet	שׁוֹבֵת (ז)
burocrata (m)	birokrat	בִּירוֹקְרָט (ז)
viajante (m)	metayel	מְטַיֵּל (ז)
homossexual (m)	'lesbit, 'homo	לֶסְבִּית (נ), הוֹמוֹ (ז)
hacker (m)	'haker	הָאקֶר (ז)
hippie (m, f)	'hipi	הִיפִּי (ז)
bandido (m)	ʃoded	שׁוֹדֵד (ז)
assassino (m)	ro'tseaχ saχir	רוֹצֵחַ שָׂכִיר (ז)
drogado (m)	narkoman	נַרְקוֹמָן (ז)
traficante (m)	soχer samim	סוֹחֵר סַמִּים (ז)
prostituta (f)	zona	זוֹנָה (נ)
cafetão (m)	sarsur	סַרְסוּר (ז)
bruxo (m)	meχaʃef	מְכַשֵּׁף (ז)
bruxa (f)	maχʃefa	מְכַשֵּׁפָה (נ)
pirata (m)	ʃoded yam	שׁוֹדֵד יָם (ז)
escravo (m)	ʃifχa, 'eved	שִׁפְחָה (נ), עֶבֶד (ז)
samurai (m)	samurai	סָמוּרַאי (ז)
selvagem (m)	'pere adam	פֶּרֶא אָדָם (ז)

Educação

94. Escola

escola (f)	beit 'sefer	בֵּית סֵפֶר (ז)
diretor (m) de escola	menahel beit 'sefer	מְנַהֵל בֵּית סֵפֶר (ז)
aluno (m)	talmid	תַּלְמִיד (ז)
aluna (f)	talmida	תַּלְמִידָה (נ)
estudante (m)	talmid	תַּלְמִיד (ז)
estudante (f)	talmida	תַּלְמִידָה (נ)
ensinar (vt)	lelamed	לְלַמֵד
aprender (vt)	lilmod	לִלְמוֹד
decorar (vt)	lilmod be'al pe	לִלְמוֹד בְּעַל פֶּה
estudar (vi)	lilmod	לִלְמוֹד
estar na escola	lilmod	לִלְמוֹד
ir à escola	la'leχet le'beit 'sefer	לָלֶכֶת לְבֵית סֵפֶר
alfabeto (m)	alefbeit	אָלֶפְבֵּית (ז)
disciplina (f)	mik'tso'a	מִקְצוֹעַ (ז)
sala (f) de aula	kita	כִּיתָה (נ)
lição, aula (f)	ʃi'ur	שִיעוּר (ז)
recreio (m)	hafsaka	הַפְסָקָה (נ)
toque (m)	pa'amon	פַּעֲמוֹן (ז)
classe (f)	ʃulχan limudim	שׁוּלְחָן לִימוּדִים (ז)
quadro (m) negro	'luaχ	לוּחַ (ז)
nota (f)	tsiyun	צִיוּן (ז)
boa nota (f)	tsiyun tov	צִיוּן טוֹב (ז)
nota (f) baixa	tsiyun ga'ru'a	צִיוּן גָרוּעַ (ז)
dar uma nota	latet tsiyun	לָתֵת צִיוּן
erro (m)	ta'ut	טָעוּת (נ)
errar (vi)	la'asot ta'uyot	לַעֲשׂוֹת טָעוּיוֹת
corrigir (~ um erro)	letaken	לְתַקֵן
cola (f)	ʃlif	שְׁלִיף (ז)
dever (m) de casa	ʃi'urei 'bayit	שִיעוּרֵי בַּיִת (ז"ר)
exercício (m)	targil	תַּרְגִיל (ז)
estar presente	lihyot no'χeaχ	לִהְיוֹת נוֹכֵחַ
estar ausente	lehe'ader	לְהֵיעָדֵר
faltar às aulas	lehaχsir	לְהַחְסִיר
punir (vt)	leha'aniʃ	לְהַעֲנִיש
punição (f)	'oneʃ	עוֹנֶש (ז)
comportamento (m)	hitnahagut	הִתְנַהֲגוּת (נ)

boletim (m) escolar	yoman beit 'sefer	יוֹמָן בֵּית סֵפֶר (ז)
lápis (m)	iparon	עִיפָּרוֹן (ז)
borracha (f)	'maxak	מַחַק (ז)
giz (m)	gir	גִּיר (ז)
porta-lápis (m)	kalmar	קַלְמָר (ז)
mala, pasta, mochila (f)	yalkut	יַלְקוּט (ז)
caneta (f)	et	עֵט (ז)
caderno (m)	max'beret	מַחְבֶּרֶת (נ)
livro (m) didático	'sefer limud	סֵפֶר לִימוּד (ז)
compasso (m)	mexuga	מְחוּגָה (נ)
traçar (vt)	lesartet	לְשַׂרְטֵט
desenho (m) técnico	sirtut	שִׂרְטוּט (ז)
poesia (f)	ʃir	שִׁיר (ז)
de cor	be'al pe	בְּעַל פֶּה
decorar (vt)	lilmod be'al pe	לִלְמוֹד בְּעַל פֶּה
férias (f pl)	xuffa	חוּפְשָׁה (נ)
estar de férias	lihyot bexuffa	לִהְיוֹת בְּחוּפְשָׁה
passar as férias	leha'avir 'xofeʃ	לְהַעֲבִיר חוֹפֶשׁ
teste (m), prova (f)	mivxan	מִבְחָן (ז)
redação (f)	xibur	חִיבּוּר (ז)
ditado (m)	haxtava	הַכְתָּבָה (נ)
exame (m), prova (f)	bxina	בְּחִינָה (נ)
fazer prova	lehibaxen	לְהִיבָּחֵן
experiência (~ química)	nisui	נִיסוּי (ז)

95. Colégio. Universidade

academia (f)	aka'demya	אֲקָדֶמְיָה (נ)
universidade (f)	uni'versita	אוּנִיבֶּרְסִיטָה (נ)
faculdade (f)	fa'kulta	פָקוּלְטָה (נ)
estudante (m)	student	סְטוּדֶנְט (ז)
estudante (f)	stu'dentit	סְטוּדֶנְטִית (נ)
professor (m)	marʦe	מַרְצֶה (ז)
auditório (m)	ulam harʦa'ot	אוּלָם הַרְצָאוֹת (ז)
graduado (m)	boger	בּוֹגֵר (ז)
diploma (m)	di'ploma	דִיפְּלוֹמָה (נ)
tese (f)	diser'taʦya	דִיסֶרְטַצְיָה (נ)
estudo (obra)	mexkar	מֶחְקָר (ז)
laboratório (m)	ma'abada	מַעֲבָּדָה (נ)
palestra (f)	harʦa'a	הַרְצָאָה (נ)
colega (m) de curso	xaver lelimudim	חָבֵר לְלִימוּדִים (ז)
bolsa (f) de estudos	milga	מִלְגָה (נ)
grau (m) acadêmico	'to'ar aka'demi	תּוֹאַר אָקָדֵמִי (ז)

96. Ciências. Disciplinas

matemática (f)	mate'matika	מָתֶמָטִיקָה (נ)
álgebra (f)	'algebra	אַלְגֶּבְּרָה (נ)
geometria (f)	ge'o'metriya	גֵּיאוֹמֶטְרְיָה (נ)
astronomia (f)	astro'nomya	אַסְטְרוֹנוֹמְיָה (נ)
biologia (f)	bio'logya	בִּיוֹלוֹגְיָה (נ)
geografia (f)	ge'o'grafya	גֵּיאוֹגְרַפְיָה (נ)
geologia (f)	ge'o'logya	גֵּיאוֹלוֹגְיָה (נ)
história (f)	his'torya	הִיסְטוֹרְיָה (נ)
medicina (f)	refu'a	רְפוּאָה (נ)
pedagogia (f)	χinuχ	חִינוּךְ (ז)
direito (m)	miʃpatim	מִשְׁפָּטִים (ז"ר)
física (f)	'fizika	פִיזִיקָה (נ)
química (f)	'χimya	כִימְיָה (נ)
filosofia (f)	filo'sofya	פִילוֹסוֹפְיָה (נ)
psicologia (f)	psiχo'logya	פְּסִיכוֹלוֹגְיָה (נ)

97. Sistema de escrita. Ortografia

gramática (f)	dikduk	דִּקְדּוּק (ז)
vocabulário (m)	otsar milim	אוֹצַר מִילִים (ז)
fonética (f)	torat ha'hege	תּוֹרַת הַהֶגֶה (נ)
substantivo (m)	ʃem 'etsem	שֵׁם עֶצֶם (ז)
adjetivo (m)	ʃem 'to'ar	שֵׁם תּוֹאַר (ז)
verbo (m)	po'el	פּוֹעַל (ז)
advérbio (m)	'to'ar 'po'al	תּוֹאַר פּוֹעַל (ז)
pronome (m)	ʃem guf	שֵׁם גּוּף (ז)
interjeição (f)	milat kri'a	מִילַת קְרִיאָה (נ)
preposição (f)	milat 'yaχas	מִילַת יַחַס (נ)
raiz (f)	'ʃoreʃ	שׁוֹרֶשׁ (ז)
terminação (f)	si'yomet	סִיוֹמֶת (נ)
prefixo (m)	tχilit	תְחִילִית (נ)
sílaba (f)	havara	הֲבָרָה (נ)
sufixo (m)	si'yomet	סִיוֹמֶת (נ)
acento (m)	'ta'am	טַעַם (ז)
apóstrofo (f)	'gereʃ	גֶּרֶשׁ (ז)
ponto (m)	nekuda	נְקוּדָה (נ)
vírgula (f)	psik	פְּסִיק (ז)
ponto e vírgula (m)	nekuda ufsik	נְקוּדָה וּפְסִיק (נ)
dois pontos (m pl)	nekudo'tayim	נְקוּדוֹתַיִים (נ"ר)
reticências (f pl)	ʃaloʃ nekudot	שָׁלוֹשׁ נְקוּדוֹת (נ"ר)
ponto (m) de interrogação	siman ʃe'ela	סִימָן שְׁאֵלָה (ז)
ponto (m) de exclamação	siman kri'a	סִימָן קְרִיאָה (ז)

aspas (f pl)	merχa'ot	מֶרְכָאוֹת (ז״ר)
entre aspas	bemerχa'ot	בְּמֶרְכָאוֹת
parênteses (m pl)	sog'rayim	סוֹגְרַיִים (ז״ר)
entre parênteses	besog'rayim	בְּסוֹגְרַיִים

hífen (m)	makaf	מַקָף (ז)
travessão (m)	kav mafrid	קַו מַפְרִיד (ז)
espaço (m)	'revaχ	רֶוַוח (ז)

letra (f)	ot	אוֹת (נ)
letra (f) maiúscula	ot gdola	אוֹת גְדוֹלָה (נ)

vogal (f)	tnu'a	תְנוּעָה (נ)
consoante (f)	itsur	עִיצוּר (ז)

frase (f)	miʃpat	מִשְׁפָּט (ז)
sujeito (m)	nose	נוֹשֵׂא (ז)
predicado (m)	nasu	נָשׂוּא (ז)

linha (f)	ʃura	שׁוּרָה (נ)
em uma nova linha	beʃura χadaʃa	בְּשׁוּרָה חֲדָשָׁה
parágrafo (m)	piska	פִּסְקָה (נ)

palavra (f)	mila	מִילָה (נ)
grupo (m) de palavras	tsiruf milim	צֵירוּף מִילִים (ז)
expressão (f)	bitui	בִּיטוּי (ז)
sinônimo (m)	mila nir'defet	מִילָה נִרְדֶפֶת (נ)
antônimo (m)	'hefeχ	הֶפֶךְ (ז)

regra (f)	klal	כְּלָל (ז)
exceção (f)	yotse min haklal	יוֹצֵא מִן הַכְּלָל (ז)
correto (adj)	naχon	נָכוֹן

conjugação (f)	hataya	הַטָיָיה (נ)
declinação (f)	hataya	הַטָיָיה (נ)
caso (m)	yaχasa	יַחָסָה (נ)
pergunta (f)	ʃe'ela	שְׁאֵלָה (נ)
sublinhar (vt)	lehadgiʃ	לְהַדְגִיש
linha (f) pontilhada	kav nakud	קַו נָקוּד (ז)

98. Línguas estrangeiras

língua (f)	safa	שָׂפָה (נ)
estrangeiro (adj)	zar	זָר
língua (f) estrangeira	safa zara	שָׂפָה זָרָה (נ)
estudar (vt)	lilmod	לִלְמוֹד
aprender (vt)	lilmod	לִלְמוֹד

ler (vt)	likro	לִקְרוֹא
falar (vi)	ledaber	לְדַבֵּר
entender (vt)	lehavin	לְהָבִין
escrever (vt)	liχtov	לִכְתוֹב
rapidamente	maher	מַהֵר
devagar, lentamente	le'at	לְאַט

fluentemente	χofʃi	חוֹפְשִׁי
regras (f pl)	klalim	כְּלָלִים (ז"ר)
gramática (f)	dikduk	דְּקְדּוּק (ז)
vocabulário (m)	otsar milim	אוֹצַר מִילִים (ז)
fonética (f)	torat ha'hege	תוֹרַת הַהֶגֶה (נ)
livro (m) didático	'sefer limud	סֵפֶר לִימּוּד (ז)
dicionário (m)	milon	מִילוֹן (ז)
manual (m) autodidático	'sefer lelimud atsmi	סֵפֶר לְלִימּוּד עַצְמִי (ז)
guia (m) de conversação	siχon	שִׂיחוֹן (ז)
fita (f) cassete	ka'letet	קַלֶּטֶת (נ)
videoteipe (m)	ka'letet 'vide'o	קַלֶּטֶת וִידֵיאוֹ (נ)
CD (m)	taklitor	תַקְלִיטוֹר (ז)
DVD (m)	di vi di	דִי. וִי. דִי. (ז)
alfabeto (m)	alefbeit	אָלֶפְבֵּית (ז)
soletrar (vt)	le'ayet	לְאַיֵּת
pronúncia (f)	hagiya	הַגִּיָּה (נ)
sotaque (m)	mivta	מִבְטָא (ז)
com sotaque	im mivta	עִם מִבְטָא
sem sotaque	bli mivta	בְּלִי מִבְטָא
palavra (f)	mila	מִילָה (נ)
sentido (m)	maʃma'ut	מַשְׁמָעוּת (נ)
curso (m)	kurs	קוּרְס (ז)
inscrever-se (vr)	leheraʃem lekurs	לְהֵירָשֵׁם לְקוּרְס
professor (m)	more	מוֹרֶה (ז)
tradução (processo)	tirgum	תִרְגּוּם (ז)
tradução (texto)	tirgum	תִרְגּוּם (ז)
tradutor (m)	metargem	מְתַרְגֵּם (ז)
intérprete (m)	meturgeman	מְתוּרְגְּמָן (ז)
poliglota (m)	poliglot	פּוֹלִיגְלוֹט (ז)
memória (f)	zikaron	זִיכָּרוֹן (ז)

Descanso. Entretenimento. Viagens

99. Viagens

turismo (m)	tayarut	תַּיָּירוּת (נ)
turista (m)	tayar	תַּיָּיר (ז)
viagem (f)	tiyul	טִיּוּל (ז)
aventura (f)	harpatka	הַרְפַּתְקָה (נ)
percurso (curta viagem)	nesiʿa	נְסִיעָה (נ)
férias (f pl)	χuffa	חוּפְשָׁה (נ)
estar de férias	lihyot beχuffa	לִהְיוֹת בְּחוּפְשָׁה
descanso (m)	menuχa	מְנוּחָה (נ)
trem (m)	ra'kevet	רַכֶּבֶת (נ)
de trem (chegar ~)	bera'kevet	בְּרַכֶּבֶת
avião (m)	matos	מָטוֹס (ז)
de avião	bematos	בְּמָטוֹס
de carro	bemeχonit	בִּמְכוֹנִית
de navio	be'oniya	בָּאוֹנִיָּיה
bagagem (f)	mitʿan	מִטְעָן (ז)
mala (f)	mizvada	מִזְוֹנָדָה (נ)
carrinho (m)	eglat mitʿan	עֶגְלַת מִטְעָן (נ)
passaporte (m)	darkon	דַּרְכּוֹן (ז)
visto (m)	'viza, afra	וִיזָה, אַשְׁרָה (נ)
passagem (f)	kartis	כַּרְטִיס (ז)
passagem (f) aérea	kartis tisa	כַּרְטִיס טִיסָה (ז)
guia (m) de viagem	madriχ	מַדְרִיךְ (ז)
mapa (m)	mapa	מַפָּה (נ)
área (f)	ezor	אֵזוֹר (ז)
lugar (m)	makom	מָקוֹם (ז)
exotismo (m)	ek'zotika	אֶקְזוֹטִיקָה (נ)
exótico (adj)	ek'zoti	אֶקְזוֹטִי
surpreendente (adj)	nifla	נִפְלָא
grupo (m)	kvutsa	קְבוּצָה (נ)
excursão (f)	tiyul	טִיּוּל (ז)
guia (m)	madriχ tiyulim	מַדְרִיךְ טִיּוּלִים (ז)

100. Hotel

hospedaria (f)	malon	מָלוֹן (ז)
motel (m)	motel	מוֹטֶל (ז)
três estrelas	floʃa koχavim	שְׁלוֹשָׁה כּוֹכָבִים

cinco estrelas	χamiʃa koχavim	חֲמִישָׁה כּוֹכָבִים
ficar (vi, vt)	lehit'aχsen	לְהִתְאַכְסֵן
quarto (m)	'χeder	חֶדֶר (ז)
quarto (m) individual	'χeder yaχid	חֶדֶר יָחִיד (ז)
quarto (m) duplo	'χeder zugi	חֶדֶר זוּגִי (ז)
reservar um quarto	lehazmin 'χeder	לְהַזְמִין חֶדֶר
meia pensão (f)	χaʦi pensiyon	חֲצִי פֶּנְסִיוֹן (ז)
pensão (f) completa	pensyon male	פֶּנְסִיוֹן מָלֵא (ז)
com banheira	im am'batya	עִם אַמְבַּטְיָה
com chuveiro	im mik'laχat	עִם מִקְלַחַת
televisão (m) por satélite	tele'vizya bekvalim	טֶלֶוִויזְיָה בְּכְּבָלִים (נ)
ar (m) condicionado	mazgan	מַזְגָן (ז)
toalha (f)	ma'gevet	מַגֶּבֶת (נ)
chave (f)	maf'teaχ	מַפְתֵּחַ (ז)
administrador (m)	amarkal	אֲחַרְכָּל (ז)
camareira (f)	χadranit	חַדְרָנִית (נ)
bagageiro (m)	sabal	סַבָּל (ז)
porteiro (m)	pakid kabala	פְּקִיד קַבָּלָה (ז)
restaurante (m)	mis'ada	מִסְעָדָה (נ)
bar (m)	bar	בָּר (ז)
café (m) da manhã	aruχat 'boker	אֲרוּחַת בּוֹקֶר (נ)
jantar (m)	aruχat 'erev	אֲרוּחַת עֶרֶב (נ)
bufê (m)	miznon	מִזְנוֹן (ז)
saguão (m)	'lobi	לוֹבִּי (ז)
elevador (m)	ma'alit	מַעֲלִית (נ)
NÃO PERTURBE	lo lehaf'ri'a	לא לְהַפְרִיעַ
PROIBIDO FUMAR!	asur le'aʃen!	אָסוּר לְעַשֵׁן!

EQUIPAMENTO TÉCNICO. TRANSPORTES

Equipamento técnico. Transportes

101. Computador

computador (m)	maxʃev	מַחשֵׁב (ז)
computador (m) portátil	maxʃev nayad	מַחשֵׁב נַייָד (ז)
ligar (vt)	lehadlik	לְהַדלִיק
desligar (vt)	leχabot	לְכַבּוֹת
teclado (m)	mik'ledet	מִקלֶדֶת (נ)
tecla (f)	makaʃ	מַקָשׁ (ז)
mouse (m)	aχbar	עַכבָּר (ז)
tapete (m) para mouse	ʃa'tiaχ le'aχbar	שָׁטִיחַ לְעַכבָּר (ז)
botão (m)	kaftor	כַּפתוֹר (ז)
cursor (m)	saman	סַמָן (ז)
monitor (m)	masaχ	מָסָך (ז)
tela (f)	tsag	צַג (ז)
disco (m) rígido	disk ka'ʃiaχ	דִיסק קָשִׁיחַ (ז)
capacidade (f) do disco rígido	'nefaχ disk ka'ʃiaχ	נֶפַח דִיסק קָשִׁיחַ (ז)
memória (f)	zikaron	זִיכָּרוֹן (ז)
memória RAM (f)	zikaron giʃa akra'it	זִיכָּרוֹן גִישָׁה אַקרָאִית (ז)
arquivo (m)	'kovets	קוֹבֶץ (ז)
pasta (f)	tikiya	תִיקִייָה (נ)
abrir (vt)	lif'toaχ	לִפתוֹחַ
fechar (vt)	lisgor	לִסגוֹר
salvar (vt)	liʃmor	לִשׁמוֹר
deletar (vt)	limχok	לִמחוֹק
copiar (vt)	leha'atik	לְהַעֲתִיק
ordenar (vt)	lemayen	לְמַייֵן
copiar (vt)	leha'avir	לְהַעֲבִיר
programa (m)	toχna	תוֹכנָה (נ)
software (m)	toχna	תוֹכנָה (נ)
programador (m)	metaχnet	מְתַכנֵת (ז)
programar (vt)	letaχnet	לְתַכנֵת
hacker (m)	'haker	הָאקֶר (ז)
senha (f)	sisma	סִיסמָה (נ)
vírus (m)	'virus	וִירוּס (ז)
detectar (vt)	limtso, le'ater	לִמצוֹא, לְאַתֵר
byte (m)	bait	בַּייט (ז)

megabyte (m)	megabait	מֶגָבַּייט (ז)
dados (m pl)	netunim	נְתוּנִים (ז"ר)
base (f) de dados	bsis netunim	בְּסִיס נְתוּנִים (ז)

cabo (m)	'kevel	כֶּבֶל (ז)
desconectar (vt)	lenatek	לְנַתֵק
conectar (vt)	leχaber	לְחַבֵּר

102. Internet. E-mail

internet (f)	'internet	אִינטֶרנֶט (ז)
browser (m)	dafdefan	דַפדְפָן (ז)
motor (m) de busca	ma'no'a χipus	מָנוֹע חִיפוּשׂ (ז)
provedor (m)	sapak	סַפָּק (ז)

webmaster (m)	menahel ha'atar	מְנַהֵל הָאַתָר (ז)
website (m)	atar	אַתָר (ז)
web page (f)	daf 'internet	דַף אִינטֶרנֶט (ז)

endereço (m)	'ktovet	כּתוֹבֶת (נ)
livro (m) de endereços	'sefer ktovot	סֵפֶר כּתוֹבוֹת (ז)

caixa (f) de correio	teivat 'do'ar	תֵיבַת דוֹאַר (נ)
correio (m)	'do'ar, 'do'al	דוֹאַר (ז), דוֹא"ל (ז)
cheia (caixa de correio)	gaduʃ	גָדוּש

mensagem (f)	hoda'a	הוֹדָעָה (נ)
mensagens (f pl) recebidas	hoda'ot niχnasot	הוֹדָעוֹת נְבנָסוֹת (נ"ר)
mensagens (f pl) enviadas	hoda'ot yots'ot	הוֹדָעוֹת יוֹצאוֹת (נ"ר)
remetente (m)	ʃo'leaχ	שוֹלֵחַ (ז)
enviar (vt)	liʃ'loaχ	לשלוֹחַ
envio (m)	ʃliχa	שלִיחָה (ז)
destinatário (m)	nim'an	נִמעָן (ז)
receber (vt)	lekabel	לְקַבֵּל

correspondência (f)	hitkatvut	הִתכַּתבוּת (נ)
corresponder-se (vr)	lehitkatev	לְהִתכַּתֵב

arquivo (m)	'kovets	קוֹבֶץ (ז)
fazer download, baixar (vt)	lehorid	לְהוֹרִיד
criar (vt)	litsor	לִיצוֹר
deletar (vt)	limχok	לְמחוֹק
deletado (adj)	maχuk	מָחוּק

conexão (f)	χibur	חִיבּוּר (ז)
velocidade (f)	mehirut	מְהִירוּת (נ)
modem (m)	'modem	מוֹדֶם (ז)
acesso (m)	giʃa	גִישָה (נ)
porta (f)	port	פּוֹרט (ז)

conexão (f)	χibur	חִיבּוּר (ז)
conectar (vi)	lehitχaber	לְהִתחַבֵּר
escolher (vt)	livχor	לִבחוֹר
buscar (vt)	leχapes	לְחַפֵּשׂ

103. Eletricidade

eletricidade (f)	χaʃmal	חַשְׁמַל (ז)
elétrico (adj)	χaʃmali	חַשְׁמַלִי
planta (f) elétrica	taχanat 'koaχ	תַּחֲנַת כּוֹחַ (נ)
energia (f)	e'nergya	אֶנֶרְגְיָה (נ)
energia (f) elétrica	e'nergya χaʃmalit	אֶנֶרְגְיָה חַשְׁמַלִית (נ)
lâmpada (f)	nura	נוּרָה (נ)
lanterna (f)	panas	פָּנָס (ז)
poste (m) de iluminação	panas reχov	פָּנָס רְחוֹב (ז)
luz (f)	or	אוֹר (ז)
ligar (vt)	lehadlik	לְהַדְלִיק
desligar (vt)	leχabot	לְכַבּוֹת
apagar a luz	leχabot	לְכַבּוֹת
queimar (vi)	lehisaref	לְהִישָׂרֵף
curto-circuito (m)	'ketser	קֶצֶר (ז)
ruptura (f)	χut ka'ru'a	חוּט קָרוּעַ (ז)
contato (m)	maga	מַגָּע (ז)
interruptor (m)	'meteg	מֶתֶג (ז)
tomada (de parede)	'ʃeka	שֶׁקַע (ז)
plugue (m)	'teka	תֶּקַע (ז)
extensão (f)	'kabel ma'ariχ	כֶּבֶל מַאֲרִיךְ (ז)
fusível (m)	natiχ	נָתִיךְ (ז)
fio, cabo (m)	χut	חוּט (ז)
instalação (f) elétrica	χivut	חִיווּט (ז)
ampère (m)	amper	אַמְפֵּר (ז)
amperagem (f)	'zerem χaʃmali	זֶרֶם חַשְׁמַלִי (ז)
volt (m)	volt	ווֹלט (ז)
voltagem (f)	'metaχ	מֶתַח (ז)
aparelho (m) elétrico	maχʃir χaʃmali	מַכְשִׁיר חַשְׁמַלִי (ז)
indicador (m)	maχvan	מַחְווָן (ז)
eletricista (m)	χaʃmalai	חַשְׁמַלַאי (ז)
soldar (vt)	lehalχim	לְהַלְחִים
soldador (m)	malχem	מַלְחֵם (ז)
corrente (f) elétrica	'zerem	זֶרֶם (ז)

104. Ferramentas

ferramenta (f)	kli	כְּלִי (ז)
ferramentas (f pl)	klei avoda	כְּלֵי עֲבוֹדָה (ז"ר)
equipamento (m)	tsiyud	צִיּוּד (ז)
martelo (m)	patiʃ	פַּטִישׁ (ז)
chave (f) de fenda	mavreg	מַבְרֵג (ז)
machado (m)	garzen	גַּרְזֶן (ז)

serra (f)	masor	מַסוֹר (ז)
serrar (vt)	lenaser	לְנַסֵּר
plaina (f)	maktso'a	מַקְצוּעָה (נ)
aplainar (vt)	lehak'tsi'a	לְהַקְצִיעַ
soldador (m)	malχem	מַלְחֵם (ז)
soldar (vt)	lehalχim	לְהַלְחִים
lima (f)	ptsira	פְּצִירָה (נ)
tenaz (f)	tsvatot	צְבָתוֹת (נ"ר)
alicate (m)	mel'kaχat	מֶלְקַחַת (נ)
formão (m)	izmel	אִזְמֵל (ז)
broca (f)	mak'deaχ	מַקְדֵּחַ (ז)
furadeira (f) elétrica	makdeχa	מַקְדֵּחָה (נ)
furar (vt)	lik'doaχ	לִקְדּוֹחַ
faca (f)	sakin	סַכִּין (ז, נ)
canivete (m)	olar	אוֹלָר (ז)
lâmina (f)	'lahav	לַהַב (ז)
afiado (adj)	χad	חַד
cego (adj)	kehe	קֵהֶה
embotar-se (vr)	lehitkahot	לְהִתְקַהוֹת
afiar, amolar (vt)	lehaʃχiz	לְהַשְׁחִיז
parafuso (m)	'boreg	בּוֹרֶג (ז)
porca (f)	om	אֹם (ז)
rosca (f)	tavrig	תַּבְרִיג (ז)
parafuso (para madeira)	'boreg	בּוֹרֶג (ז)
prego (m)	masmer	מַסְמֵר (ז)
cabeça (f) do prego	roʃ hamasmer	רֹאשׁ הַמַּסְמֵר (ז)
régua (f)	sargel	סַרְגֵּל (ז)
fita (f) métrica	'seret meida	סֶרֶט מִידָה (ז)
nível (m)	'peles	פֶּלֶס (ז)
lupa (f)	zχuχit mag'delet	זְכוּכִית מַגְדֶּלֶת (נ)
medidor (m)	maχʃir medida	מַכְשִׁיר מְדִידָה (ז)
medir (vt)	limdod	לִמְדוֹד
escala (f)	'skala	סְקָאלָה (נ)
indicação (f), registro (m)	medida	מְדִידָה (נ)
compressor (m)	madχes	מַדְחֵס (ז)
microscópio (m)	mikroskop	מִיקְרוֹסְקוֹפ (ז)
bomba (f)	maʃeva	מַשְׁאֵבָה (נ)
robô (m)	robot	רוֹבּוֹט (ז)
laser (m)	'leizer	לֵייזֶר (ז)
chave (f) de boca	maf'teaχ bragim	מַפְתֵּחַ בְּרָגִים (ז)
fita (f) adesiva	neyar 'devek	נְיָיר דֶּבֶק (ז)
cola (f)	'devek	דֶּבֶק (ז)
lixa (f)	neyar zχuχit	נְיָיר זְכוּכִית (ז)
mola (f)	kfits	קְפִיץ (ז)

ímã (m)	magnet	מַגְנֵט (ז)
luva (f)	kfafot	כְּפָפוֹת (נ"ר)

corda (f)	'xevel	חֶבֶל (ז)
cabo (~ de nylon, etc.)	srox	שְׂרוֹךְ (ז)
fio (m)	xut	חוּט (ז)
cabo (~ elétrico)	'kevel	כֶּבֶל (ז)

marreta (f)	kurnas	קוּרְנָס (ז)
pé de cabra (m)	lom	לוֹם (ז)
escada (f) de mão	sulam	סוּלָם (ז)
escada (m)	sulam	סוּלָם (ז)

enroscar (vt)	lehavrig	לְהַבְרִיג
desenroscar (vt)	lif'toax, lehavrig	לִפְתּוֹחַ, לְהַבְרִיג
apertar (vt)	lehadek	לְהַדֵּק
colar (vt)	lehadbik	לְהַדְבִּיק
cortar (vt)	laxtox	לַחְתּוֹךְ

falha (f)	takala	תַּקָּלָה (נ)
conserto (m)	tikun	תִּיקּוּן (ז)
consertar, reparar (vt)	letaken	לְתַקֵּן
regular, ajustar (vt)	lexavnen	לְכַוְונֵן

verificar (vt)	livdok	לִבְדוֹק
verificação (f)	bdika	בְּדִיקָה (נ)
indicação (f), registro (m)	kri'a	קְרִיאָה (נ)

seguro (adj)	amin	אָמִין
complicado (adj)	murkav	מוּרְכָּב

enferrujar (vi)	lehaxlid	לְהַחְלִיד
enferrujado (adj)	xalud	חָלוּד
ferrugem (f)	xaluda	חֲלוּדָה (נ)

Transportes

105. Avião

avião (m)	matos	מָטוֹס (ז)
passagem (f) aérea	kartis tisa	כַּרְטִיס טִיסָה (ז)
companhia (f) aérea	χevrat te'ufa	חֶבְרַת תְּעוּפָה (נ)
aeroporto (m)	nemal te'ufa	נְמַל תְּעוּפָה (ז)
supersônico (adj)	al koli	עַל קוֹלִי
comandante (m) do avião	kabarnit	קַבַּרְנִיט (ז)
tripulação (f)	'tsevet	צֶוֶת (ז)
piloto (m)	tayas	טַיָּיס (ז)
aeromoça (f)	da'yelet	דַיָּילֶת (נ)
copiloto (m)	navat	נַוָּוט (ז)
asas (f pl)	kna'fayim	כְּנָפַיִים (נ"ר)
cauda (f)	zanav	זָנָב (ז)
cabine (f)	'kokpit	קוֹקְפִּיט (ז)
motor (m)	ma'no'a	מָנוֹעַ (ז)
trem (m) de pouso	kan nesi'a	כַּן נְסִיעָה (ז)
turbina (f)	tur'bina	טוּרבִּינָה (נ)
hélice (f)	madχef	מַדחֵף (ז)
caixa-preta (f)	kufsa ʃχora	קוּפסָה שחוֹרָה (נ)
coluna (f) de controle	'hege	הֶגֶה (ז)
combustível (m)	'delek	דֶּלֶק (ז)
instruções (f pl) de segurança	hora'ot betiχut	הוֹרָאוֹת בְּטִיחוּת (נ"ר)
máscara (f) de oxigênio	maseχat χamtsan	מַסֵיכַת חַמצָן (נ)
uniforme (m)	madim	מַדִּים (ז"ר)
colete (m) salva-vidas	χagorat hatsala	חֲגוֹרַת הַצָּלָה (נ)
paraquedas (m)	mitsnaχ	מִצנָח (ז)
decolagem (f)	hamra'a	הַמרָאָה (נ)
descolar (vi)	lehamri	לְהַמרִיא
pista (f) de decolagem	maslul hamra'a	מַסלוּל הַמרָאָה (ז)
visibilidade (f)	re'ut	רְאוּת (נ)
voo (m)	tisa	טִיסָה (נ)
altura (f)	'gova	גּוֹבַה (ז)
poço (m) de ar	kis avir	כִּיס אֲוִויר (ז)
assento (m)	moʃav	מוֹשָב (ז)
fone (m) de ouvido	ozniyot	אוֹזנִיּוֹת (נ"ר)
mesa (f) retrátil	magaʃ mitkapel	מַגָּש מִתקַפֵּל (ז)
janela (f)	tsohar	צוֹהַר (ז)
corredor (m)	ma'avar	מַעֲבָר (ז)

106. Comboio

trem (m)	ra'kevet	רַכֶּבֶת (נ)
trem (m) elétrico	ra'kevet parvarim	רַכֶּבֶת פַּרְבָרִים (נ)
trem (m)	ra'kevet mehira	רַכֶּבֶת מְהִירָה (נ)
locomotiva (f) diesel	katar 'dizel	קַטָר דִיזֶל (ז)
locomotiva (f) a vapor	katar	קַטָר (ז)
vagão (f) de passageiros	karon	קָרוֹן (ז)
vagão-restaurante (m)	kron mis'ada	קָרוֹן מִסְעָדָה (ז)
carris (m pl)	mesilot	מְסִילוֹת (נ"ר)
estrada (f) de ferro	mesilat barzel	מְסִילַת בַּרְזֶל (נ)
travessa (f)	'eden	אֶדֶן (ז)
plataforma (f)	ratsif	רָצִיף (ז)
linha (f)	mesila	מְסִילָה (נ)
semáforo (m)	ramzor	רַמְזוֹר (ז)
estação (f)	taxana	תַחֲנָה (נ)
maquinista (m)	nahag ra'kevet	נַהַג רַכֶּבֶת (ז)
bagageiro (m)	sabal	סַבָּל (ז)
hospedeiro, -a (m, f)	sadran ra'kevet	סַדְרָן רַכֶּבֶת (ז)
passageiro (m)	no'se'a	נוֹסֵעַ (ז)
revisor (m)	bodek	בּוֹדֵק (ז)
corredor (m)	prozdor	פְּרוֹזְדוֹר (ז)
freio (m) de emergência	ma'atsar xirum	מַעֲצָר חִירוּם (ז)
compartimento (m)	ta	תָא (ז)
cama (f)	dargaʃ	דַרְגָש (ז)
cama (f) de cima	dargaʃ elyon	דַרְגָש עֶלְיוֹן (ז)
cama (f) de baixo	dargaʃ taxton	דַרְגָש תַחְתוֹן (ז)
roupa (f) de cama	matsa'im	מַצָעִים (ז"ר)
passagem (f)	kartis	כַּרְטִיס (ז)
horário (m)	'luax zmanim	לוּחַ זְמַנִים (ז)
painel (m) de informação	ʃelet meida	שֶׁלֶט מֵידַע (ז)
partir (vt)	latset	לָצֵאת
partida (f)	yetsi'a	יְצִיאָה (נ)
chegar (vi)	leha'gi'a	לְהַגִיעַ
chegada (f)	haga'a	הַגָעָה (נ)
chegar de trem	leha'gi'a bera'kevet	לְהַגִיעַ בְּרַכֶּבֶת
pegar o trem	la'alot lera'kevet	לַעֲלוֹת לְרַכֶּבֶת
descer de trem	la'redet mehara'kevet	לָרֶדֶת מֵהָרַכֶּבֶת
acidente (m) ferroviário	hitraskut	הִתְרַסְקוּת (נ)
descarrilar (vi)	la'redet mipasei ra'kevet	לָרֶדֶת מִפַּסֵי רַכֶּבֶת
locomotiva (f) a vapor	katar	קַטָר (ז)
foguista (m)	masik	מַסִיק (ז)
fornalha (f)	kivʃan	כִּבְשָׁן (ז)
carvão (m)	pexam	פֶּחָם (ז)

107. Barco

navio (m)	sfina	סְפִינָה (נ)
embarcação (f)	sfina	סְפִינָה (נ)
barco (m) a vapor	oniyat kitor	אוֹנִיַּת קִיטוֹר (נ)
barco (m) fluvial	sfinat nahar	סְפִינַת נָהָר (נ)
transatlântico (m)	oniyat ta'anugot	אוֹנִיַּת תַּעֲנוּגוֹת (נ)
cruzeiro (m)	sa'yeret	סַיֶּרֶת (נ)
iate (m)	'yaxta	יַכְטָה (נ)
rebocador (m)	go'reret	גּוֹרֶרֶת (נ)
barcaça (f)	arba	אַרְבָּה (נ)
ferry (m)	ma'a'boret	מַעֲבּוֹרֶת (נ)
veleiro (m)	sfinat mifras	סְפִינַת מִפְרָשׂ (נ)
bergantim (m)	briganit	בְּרִיגָנִית (נ)
quebra-gelo (m)	ʃo'veret 'kerax	שׁוֹבֶרֶת קֶרַח (נ)
submarino (m)	tso'lelet	צוֹלֶלֶת (נ)
bote, barco (m)	sira	סִירָה (נ)
baleeira (bote salva-vidas)	sira	סִירָה (נ)
bote (m) salva-vidas	sirat hatsala	סִירַת הַצָּלָה (נ)
lancha (f)	sirat ma'no'a	סִירַת מָנוֹעַ (נ)
capitão (m)	rav xovel	רַב־חוֹבֵל (ז)
marinheiro (m)	malax	מַלָּח (ז)
marujo (m)	yamai	יַמַּאי (ז)
tripulação (f)	'tsevet	צֶוֶת (ז)
contramestre (m)	rav malaxim	רַב־מַלָּחִים (ז)
grumete (m)	'na'ar sipun	נַעַר סִיפּוּן (ז)
cozinheiro (m) de bordo	tabax	טַבָּח (ז)
médico (m) de bordo	rofe ha'oniya	רוֹפֵא הָאוֹנִיָּה (ז)
convés (m)	sipun	סִיפּוּן (ז)
mastro (m)	'toren	תּוֹרֶן (ז)
vela (f)	mifras	מִפְרָשׂ (ז)
porão (m)	'beten oniya	בֶּטֶן אוֹנִיָּה (נ)
proa (f)	xartom	חַרְטוֹם (ז)
popa (f)	yarketei hasfina	יַרְכְּתֵי הַסְּפִינָה (ז״ר)
remo (m)	maʃot	מָשׁוֹט (ז)
hélice (f)	madxef	מַדְחֵף (ז)
cabine (m)	ta	תָּא (ז)
sala (f) dos oficiais	mo'adon ktsinim	מוֹעֲדוֹן קְצִינִים (ז)
sala (f) das máquinas	xadar mexonot	חֲדַר מְכוֹנוֹת (ז)
ponte (m) de comando	'geʃer hapikud	גֶּשֶׁר הַפִּיקוּד (ז)
sala (f) de comunicações	ta alxutan	תָּא אַלְחוּטָן (ז)
onda (f)	'teder	תֶּדֶר (ז)
diário (m) de bordo	yoman ha'oniya	יוֹמַן הָאוֹנִיָּה (ז)
luneta (f)	miʃ'kefet	מִשְׁקֶפֶת (נ)
sino (m)	pa'amon	פַּעֲמוֹן (ז)

bandeira (f)	'degel	דֶּגֶל (ז)
cabo (m)	avot ha'oniya	עֲבוֹת הָאוֹנִיָּה (נ)
nó (m)	'keʃer	קֶשֶׁר (ז)

corrimão (m)	ma'ake hasipun	מַעֲקֵה הַסִּיפּוּן (ז)
prancha (f) de embarque	'keveʃ	כֶּבֶשׁ (ז)

âncora (f)	'ogen	עוֹגֶן (ז)
recolher a âncora	leharim 'ogen	לְהָרִים עוֹגֶן
jogar a âncora	la'agon	לַעֲגוֹן
amarra (corrente de âncora)	ʃar'ʃeret ha'ogen	שַׁרְשֶׁרֶת הָעוֹגֶן (נ)

porto (m)	namal	נָמֵל (ז)
cais, amarradouro (m)	'mezax	מֵזַח (ז)
atracar (vi)	la'agon	לַעֲגוֹן
desatracar (vi)	lehaflig	לְהַפְלִיג

viagem (f)	masa, tiyul	מַסָּע (ז), טִיּוּל (ז)
cruzeiro (m)	'ʃayit	שַׁיִט (ז)
rumo (m)	kivun	כִּיווּן (ז)
itinerário (m)	nativ	נָתִיב (ז)

canal (m) de navegação	nativ 'ʃayit	נְתִיב שַׁיִט (ז)
banco (m) de areia	sirton	שִׂרְטוֹן (ז)
encalhar (vt)	la'alot al hasirton	לַעֲלוֹת עַל הַשִּׂרְטוֹן

tempestade (f)	sufa	סוּפָה (נ)
sinal (m)	ot	אוֹת (ז)
afundar-se (vr)	lit'bo'a	לִטְבּוֹעַ
Homem ao mar!	adam ba'mayim!	אָדָם בַּמַּיִם!
SOS	kri'at hatsala	קְרִיאַת הַצָּלָה
boia (f) salva-vidas	galgal hatsala	גַּלְגַּל הַצָּלָה (ז)

108. Aeroporto

aeroporto (m)	nemal te'ufa	נְמַל תְּעוּפָה (ז)
avião (m)	matos	מָטוֹס (ז)
companhia (f) aérea	xevrat te'ufa	חֶבְרַת תְּעוּפָה (נ)
controlador (m) de tráfego aéreo	bakar tisa	בַּקָּר טִיסָה (ז)

partida (f)	hamra'a	הַמְרָאָה (נ)
chegada (f)	nexita	נְחִיתָה (נ)
chegar (vi)	leha'gi'a betisa	לְהַגִּיעַ בְּטִיסָה

hora (f) de partida	zman hamra'a	זְמַן הַמְרָאָה (ז)
hora (f) de chegada	zman nexita	זְמַן נְחִיתָה (ז)

estar atrasado	lehit'akev	לְהִתְעַכֵּב
atraso (m) de voo	ikuv hatisa	עִיכּוּב הַטִּיסָה (ז)

painel (m) de informação	'luax meida	לוּחַ מֵידָע (ז)
informação (f)	meida	מֵידָע (ז)
anunciar (vt)	leho'dia	לְהוֹדִיעַ

voo (m)	tisa	טִיסָה (נ)
alfândega (f)	'meχes	מֶכֶס (ז)
funcionário (m) da alfândega	pakid 'meχes	פָּקִיד מֶכֶס (ז)
declaração (f) alfandegária	hatsharat meχes	הַצְהָרַת מֶכֶס (נ)
preencher (vt)	lemale	לְמַלֵּא
preencher a declaração	lemale 'tofes hatshara	לְמַלֵּא טוֹפֶס הַצְהָרָה
controle (m) de passaporte	bdikat darkonim	בְּדִיקַת דַּרְכּוֹנִים (נ)
bagagem (f)	kvuda	כְּבוּדָה (נ)
bagagem (f) de mão	kvudat yad	כְּבוּדַת יָד (נ)
carrinho (m)	eglat kvuda	עֶגְלַת כְּבוּדָה (נ)
pouso (m)	neχita	נְחִיתָה (נ)
pista (f) de pouso	maslul neχita	מַסְלוּל נְחִיתָה (ז)
aterrissar (vi)	linχot	לִנְחוֹת
escada (f) de avião	'keveʃ	כֶּבֶשׁ (ז)
check-in (m)	tʃek in	צֶ'ק אִין (ז)
balcão (m) do check-in	dalpak tʃek in	דַּלְפַּק צֶ'ק אִין (ז)
fazer o check-in	leva'tse'a tʃek in	לְבַצֵּע צֶ'ק אִין
cartão (m) de embarque	kartis aliya lematos	כַּרְטִיס עֲלִיָה לְמָטוֹס (ז)
portão (m) de embarque	'ʃa‘ar yetsi’a	שַׁעַר יְצִיאָה (ז)
trânsito (m)	ma‘avar	מַעֲבָר (ז)
esperar (vi, vt)	lehamtin	לְהַמְתִּין
sala (f) de espera	traklin tisa	טְרַקְלִין טִיסָה (ז)
despedir-se (acompanhar)	lelavot	לְלַוּוֹת
despedir-se (dizer adeus)	lomar lehitra’ot	לוֹמַר לְהִתְרָאוֹת

Eventos

109. Férias. Evento

festa (f)	χagiga	חֲגִיגָה (נ)
feriado (m) nacional	χag le'umi	חַג לְאוּמִי (ז)
feriado (m)	yom χag	יוֹם חַג (ז)
festejar (vt)	laχgog	לַחְגוֹג
evento (festa, etc.)	hitraχaʃut	הִתְרַחֲשׁוּת (נ)
evento (banquete, etc.)	ei'ru'a	אֵירוּעַ (ז)
banquete (m)	se'uda χagigit	סְעוּדָה חֲגִיגִית (נ)
recepção (f)	ei'ruaχ	אֵירוּחַ (ז)
festim (m)	miʃte	מִשְׁתֶּה (ז)
aniversário (m)	yom haʃana	יוֹם הַשָׁנָה (ז)
jubileu (m)	χag hayovel	חַג הַיוֹבֵל (ז)
celebrar (vt)	laχgog	לַחְגוֹג
Ano (m) Novo	ʃana χadaʃa	שָׁנָה חֲדָשָׁה (נ)
Feliz Ano Novo!	ʃana tova!	שָׁנָה טוֹבָה!
Papai Noel (m)	'santa 'kla'us	סַנְטָה קְלָאוּס
Natal (m)	χag hamolad	חַג הַמוֹלָד (ז)
Feliz Natal!	χag hamolad sa'meaχ!	חַג הַמוֹלָד שָׂמֵחַ!
árvore (f) de Natal	eʦ χag hamolad	עֵץ חַג הַמוֹלָד (ז)
fogos (m pl) de artifício	zikukim	זִיקוּקִים (ז"ר)
casamento (m)	χatuna	חֲתוּנָה (נ)
noivo (m)	χatan	חָתָן (ז)
noiva (f)	kala	כַּלָה (נ)
convidar (vt)	lehazmin	לְהַזְמִין
convite (m)	hazmana	הַזְמָנָה (נ)
convidado (m)	o'reaχ	אוֹרֵחַ (ז)
visitar (vt)	levaker	לְבַקֵר
receber os convidados	lekabel orχim	לְקַבֵּל אוֹרְחִים
presente (m)	matana	מַתָּנָה (נ)
oferecer, dar (vt)	latet matana	לָתֵת מַתָּנָה
receber presentes	lekabel matanot	לְקַבֵּל מַתָּנוֹת
buquê (m) de flores	zer	זֵר (ז)
felicitações (f pl)	braχa	בְּרָכָה (נ)
felicitar (vt)	levareχ	לְבָרֵךְ
cartão (m) de parabéns	kartis braχa	פַּרְטִיס בְּרָכָה (ז)
enviar um cartão postal	liʃloaχ gluya	לִשְׁלוֹחַ גְלוּיָה
receber um cartão postal	lekabel gluya	לְקַבֵּל גְלוּיָה

brinde (m)	leharim kosit	לְהָרִים כּוֹסִית
oferecer (vt)	leχabed	לְכַבֵּד
champanhe (m)	ʃam'panya	שַׁמְפַּנְיָה (נ)

divertir-se (vr)	lehanot	לֵיהָנוֹת
diversão (f)	alitsut	עֲלִיצוּת (נ)
alegria (f)	simχa	שִׂמְחָה (נ)

| dança (f) | rikud | רִיקוּד (ז) |
| dançar (vi) | lirkod | לִרְקוֹד |

| valsa (f) | vals | וַלְס (ז) |
| tango (m) | 'tango | טַנְגּוֹ (ז) |

110. Funerais. Enterro

cemitério (m)	beit kvarot	בֵּית קְבָרוֹת (ז)
sepultura (f), túmulo (m)	'kever	קֶבֶר (ז)
cruz (f)	tslav	צְלָב (ז)
lápide (f)	matseva	מַצֵּבָה (נ)
cerca (f)	gader	גָּדֵר (נ)
capela (f)	beit tfila	בֵּית תְּפִילָה (ז)

morte (f)	'mavet	מָוֶת (ז)
morrer (vi)	lamut	לָמוּת
defunto (m)	niftar	נִפְטָר (ז)
luto (m)	'evel	אֵבֶל (ז)

enterrar, sepultar (vt)	likbor	לִקְבּוֹר
funerária (f)	beit levayot	בֵּית לְוָויוֹת (ז)
funeral (m)	levaya	לְוָוָיָה (נ)

coroa (f) de flores	zer	זֵר (ז)
caixão (m)	aron metim	אֲרוֹן מֵתִים (ז)
carro (m) funerário	kron hamet	קְרוֹן הַמֵּת (ז)
mortalha (f)	taχriχim	תַּכְרִיכִים (ז"ר)

procissão (f) funerária	tahaluχat 'evel	תַּהֲלוּכַת אֵבֶל (נ)
urna (f) funerária	kad 'efer	כַּד אֵפֶר (ז)
crematório (m)	misrafa	מִשְׂרָפָה (נ)

obituário (m), necrologia (f)	moda'at 'evel	מוֹדַעַת אֵבֶל (נ)
chorar (vi)	livkot	לִבְכּוֹת
soluçar (vi)	lehitya'peaχ	לְהִתְיַיפֵּחַ

111. Guerra. Soldados

pelotão (m)	maχlaka	מַחְלָקָה (נ)
companhia (f)	pluga	פְּלוּגָה (נ)
regimento (m)	χativa	חֲטִיבָה (נ)
exército (m)	tsava	צָבָא (ז)
divisão (f)	ugda	אוּגְדָּה (נ)

esquadrão (m)	kita	כִּיתָה (נ)
hoste (f)	'xayil	חַיִל (ז)
soldado (m)	xayal	חַיָּל (ז)
oficial (m)	katsin	קָצִין (ז)
soldado (m) raso	turai	טוּרָאִי (ז)
sargento (m)	samal	סַמָּל (ז)
tenente (m)	'segen	סֶגֶן (ז)
capitão (m)	'seren	סֶרֶן (ז)
major (m)	rav 'seren	רַב־סֶרֶן (ז)
coronel (m)	aluf miʃne	אַלּוּף מִשְׁנֶה (ז)
general (m)	aluf	אַלּוּף (ז)
marujo (m)	yamai	יַמַּאי (ז)
capitão (m)	rav xovel	רַב־חוֹבֵל (ז)
contramestre (m)	rav malaxim	רַב־מַלָּחִים (ז)
artilheiro (m)	totxan	תּוֹתְחָן (ז)
soldado (m) paraquedista	tsanxan	צַנְחָן (ז)
piloto (m)	tayas	טַיָּס (ז)
navegador (m)	navat	נַוָּט (ז)
mecânico (m)	mexonai	מְכוֹנַאי (ז)
sapador-mineiro (m)	xablan	חַבְּלָן (ז)
paraquedista (m)	tsanxan	צַנְחָן (ז)
explorador (m)	iʃ modi'in kravi	אִישׁ מוֹדִיעִין קְרָבִי (ז)
atirador (m) de tocaia	tsalaf	צַלָּף (ז)
patrulha (f)	siyur	סִיּוּר (ז)
patrulhar (vt)	lefatrel	לְפַטְרֵל
sentinela (f)	zakif	זָקִיף (ז)
guerreiro (m)	loxem	לוֹחֵם (ז)
patriota (m)	patriyot	פַּטְרִיוֹט (ז)
herói (m)	gibor	גִּיבּוֹר (ז)
heroína (f)	gibora	גִּיבּוֹרָה (נ)
traidor (m)	boged	בּוֹגֵד (ז)
trair (vt)	livgod	לִבְגוֹד
desertor (m)	arik	עָרִיק (ז)
desertar (vt)	la'arok	לַעֲרוֹק
mercenário (m)	sxir 'xerev	שְׂכִיר חֶרֶב (ז)
recruta (m)	tiron	טִירוֹן (ז)
voluntário (m)	mitnadev	מִתְנַדֵּב (ז)
morto (m)	harug	הָרוּג (ז)
ferido (m)	pa'tsu'a	פָּצוּעַ (ז)
prisioneiro (m) de guerra	ʃavui	שָׁבוּי (ז)

112. Guerra. Ações militares. Parte 1

guerra (f)	milxama	מִלְחָמָה (נ)
guerrear (vt)	lehilaxem	לְהִילָחֵם

guerra (f) civil	mil'χemet ezraχim	מִלְחֶמֶת אֶזְרָחִים (נ)
perfidamente	bogdani	בּוֹגְדָנִי
declaração (f) de guerra	haχrazat milχama	הַכְרָזַת מִלְחָמָה (נ)
declarar guerra	lehaχriz	לְהַכְרִיז
agressão (f)	tokfanut	תּוֹקְפָנוּת (נ)
atacar (vt)	litkof	לִתְקוֹף
invadir (vt)	liχboʃ	לִכְבּוֹשׁ
invasor (m)	koveʃ	כּוֹבֵשׁ (ז)
conquistador (m)	koveʃ	כּוֹבֵשׁ (ז)
defesa (f)	hagana	הֲגָנָה (נ)
defender (vt)	lehagen al	לְהָגֵן עַל
defender-se (vr)	lehitgonen	לְהִתְגּוֹנֵן
inimigo (m)	oyev	אוֹיֵב (ז)
adversário (m)	yariv	יָרִיב (ז)
inimigo (adj)	ʃel oyev	שֶׁל אוֹיֵב
estratégia (f)	astra'tegya	אַסְטְרָטֶגְיָה (נ)
tática (f)	'taktika	טַקְטִיקָה (נ)
ordem (f)	pkuda	פְּקוּדָה (נ)
comando (m)	pkuda	פְּקוּדָה (נ)
ordenar (vt)	lifkod	לִפְקוֹד
missão (f)	mesima	מְשִׂימָה (נ)
secreto (adj)	sodi	סוֹדִי
batalha (f)	ma'araχa	מַעֲרָכָה (נ)
combate (m)	krav	קְרָב (ז)
ataque (m)	hatkafa	הַתְקָפָה (נ)
assalto (m)	hista'arut	הִסְתַּעֲרוּת (נ)
assaltar (vt)	lehista'er	לְהִסְתַּעֵר
assédio, sítio (m)	maʦor	מָצוֹר (ז)
ofensiva (f)	mitkafa	מִתְקָפָה (נ)
tomar à ofensiva	laʦet lemitkafa	לָצֵאת לְמִתְקָפָה
retirada (f)	nesiga	נְסִיגָה (נ)
retirar-se (vr)	la'seget	לָסֶגֶת
cerco (m)	kitur	כִּיתּוּר (ז)
cercar (vt)	leχater	לְכַתֵּר
bombardeio (m)	hafʦaʦa	הַפְצָצָה (נ)
lançar uma bomba	lehatil pʦaʦa	לְהַטִיל פְּצָצָה
bombardear (vt)	lehafʦiʦ	לְהַפְצִיץ
explosão (f)	piʦuʦ	פִּיצוּץ (ז)
tiro (m)	yeriya	יְרִייָה (נ)
dar um tiro	lirot	לִירוֹת
tiroteio (m)	'yeri	יְרִי (ז)
apontar para …	leχaven 'neʃek	לְכַוֵּון נֶשֶׁק
apontar (vt)	leχaven	לְכַוֵּון

acertar (vt)	lik'lo'a	לִקְלוֹעַ
afundar (~ um navio, etc.)	lehat'bi'a	לְהַטְבִּיעַ
brecha (f)	pirtsa	פִּרְצָה (נ)
afundar-se (vr)	lit'bo'a	לִטְבּוֹעַ

frente (m)	χazit	חֲזִית (נ)
evacuação (f)	pinui	פִּינוּי (ז)
evacuar (vt)	lefanot	לְפַנוֹת

trincheira (f)	te'ala	תְּעָלָה (נ)
arame (m) enfarpado	'tayil dokrani	תַּיִל דּוֹקְרָנִי (ז)
barreira (f) anti-tanque	maχsom	מַחְסוֹם (ז)
torre (f) de vigia	migdal ʃmira	מִגְדַּל שְׁמִירָה (ז)

hospital (m) militar	beit χolim tsva'i	בֵּית חוֹלִים צְבָאִי (ז)
ferir (vt)	lif'tso'a	לִפְצוֹעַ
ferida (f)	'petsa	פֶּצַע (ז)
ferido (m)	pa'tsu'a	פָּצוּעַ (ז)
ficar ferido	lehipatsa	לְהִיפָּצַע
grave (ferida ~)	kaʃe	קָשֶׁה

113. Guerra. Ações militares. Parte 2

cativeiro (m)	'ʃevi	שְׁבִי (ז)
capturar (vt)	la'kaχat be'ʃevi	לָקַחַת בְּשֶׁבִי
estar em cativeiro	lihyot be'ʃevi	לִהְיוֹת בְּשֶׁבִי
ser aprisionado	lipol be'ʃevi	לִיפּוֹל בַּשֶּׁבִי

campo (m) de concentração	maχane rikuz	מַחֲנֵה רִיכּוּז (ז)
prisioneiro (m) de guerra	ʃavui	שָׁבוּי (ז)
escapar (vi)	liv'roaχ	לִבְרוֹחַ

trair (vt)	livgod	לִבְגוֹד
traidor (m)	boged	בּוֹגֵד (ז)
traição (f)	bgida	בְּגִידָה (נ)

fuzilar, executar (vt)	lehotsi la'horeg	לְהוֹצִיא לַהוֹרֵג
fuzilamento (m)	hotsa'a le'horeg	הוֹצָאָה לְהוֹרֵג (נ)

equipamento (m)	tsiyud	צִיוּד (ז)
insígnia (f) de ombro	ko'tefet	כּוֹתֶפֶת (נ)
máscara (f) de gás	maseχat 'abaχ	מַסֵיכַת אַבָּ"ך (נ)

rádio (m)	maχʃir 'keʃer	מַכְשִׁיר קֶשֶׁר (ז)
cifra (f), código (m)	'tsofen	צוֹפֶן (ז)
conspiração (f)	χaʃa'iut	חֲשָׁאִיוּת (נ)
senha (f)	sisma	סִיסְמָה (נ)

mina (f)	mokeʃ	מוֹקֵשׁ (ז)
minar (vt)	lemakeʃ	לְמַקֵּשׁ
campo (m) minado	sde mokʃim	שְׂדֵה מוֹקְשִׁים (ז)

alarme (m) aéreo	az'aka	אַזְעָקָה (נ)
alarme (m)	az'aka	אַזְעָקָה (נ)

sinal (m)	ot	אוֹת (ז)
sinalizador (m)	zikuk az'aka	זִיקוּק אַזעָקָה (ז)
quartel-general (m)	mifkada	מִפקָדָה (נ)
reconhecimento (m)	isuf modi'in	אִיסוּף מוֹדִיעִין (ז)
situação (f)	matsav	מַצָב (ז)
relatório (m)	doχ	דוֹ"ח (ז)
emboscada (f)	ma'arav	מַאֲרָב (ז)
reforço (m)	tig'boret	תִגבּוֹרֶת (נ)
alvo (m)	matara	מַטָרָה (נ)
campo (m) de tiro	sde imunim	שׂדֵה אִימוּנִים (ז)
manobras (f pl)	timronim	תִמרוֹנִים (ז"ר)
pânico (m)	behala	בֶּהָלָה (נ)
devastação (f)	'heres	הֶרֶס (ז)
ruínas (f pl)	harisot	הֲרִיסוֹת (נ"ר)
destruir (vt)	laharos	לַהֲרוֹס
sobreviver (vi)	lisrod	לִשׂרוֹד
desarmar (vt)	lifrok mi'nefek	לְפָרוֹק מִנֶשֶק
manusear (vt)	lehiftamef be...	לְהִשתַמֵש בְּ...
Sentido!	amod dom!	עֲמוֹד דוֹם!
Descansar!	amod 'noaχ!	עֲמוֹד נוֹח!
façanha (f)	ma'ase gvura	מַעֲשֵׂה גבוּרָה (ז)
juramento (m)	fvu'a	שבוּעָה (נ)
jurar (vi)	lehifava	לְהִישָבַע
condecoração (f)	itur	עִיטוּר (ז)
condecorar (vt)	leha'anik	לְהַעֲנִיק
medalha (f)	me'dalya	מֶדָליָה (נ)
ordem (f)	ot hitstainut	אוֹת הָצטַיינוּת (ז)
vitória (f)	nitsaχon	נִיצָחוֹן (ז)
derrota (f)	tvusa	תבוּסָה (נ)
armistício (m)	hafsakat ef	הַפסָקַת אֵש (נ)
bandeira (f)	'degel	דֶגֶל (ז)
glória (f)	tehila	תְהִילָה (נ)
parada (f)	mits'ad	מִצעָד (ז)
marchar (vi)	lits'od	לִצעוֹד

114. Armas

arma (f)	'nefek	נֶשֶק (ז)
arma (f) de fogo	'nefek χam	נֶשֶק חַם (ז)
arma (f) branca	'nefek kar	נֶשֶק קַר (ז)
arma (f) química	'nefek 'χimi	נֶשֶק כִימִי (ז)
nuclear (adj)	gar'ini	גַרעִינִי
arma (f) nuclear	'nefek gar'ini	נֶשֶק גַרעִינִי (ז)
bomba (f)	ptsatsa	פּצָצָה (נ)

bomba (f) atômica	ptsatsa a'tomit	פְּצָצָה אָטוֹמִית (נ)
pistola (f)	ekdax	אֶקְדָּח (ז)
rifle (m)	rove	רוֹבֶה (ז)
semi-automática (f)	tat mak'le'a	תַּת־מַקְלֵעַ (ז)
metralhadora (f)	mak'le'a	מַקְלֵעַ (ז)
boca (f)	kane	קָנֶה (ז)
cano (m)	kane	קָנֶה (ז)
calibre (m)	ka'liber	קָלִיבֶּר (ז)
gatilho (m)	'hedek	הֶדֶק (ז)
mira (f)	ka'venet	כַּוֶּנֶת (נ)
carregador (m)	maxsanit	מַחְסָנִית (נ)
coronha (f)	kat	קַת (נ)
granada (f) de mão	rimon	רִימוֹן (ז)
explosivo (m)	'xomer 'nefets	חוֹמֶר נֶפֶץ (ז)
bala (f)	ka'li'a	קָלִיעַ (ז)
cartucho (m)	kadur	כַּדּוּר (ז)
carga (f)	te'ina	טְעִינָה (נ)
munições (f pl)	tax'moʃet	תַּחְמוֹשֶׁת (נ)
bombardeiro (m)	maftsits	מַפְצִיץ (ז)
avião (m) de caça	metos krav	מְטוֹס קְרָב (ז)
helicóptero (m)	masok	מָסוֹק (ז)
canhão (m) antiaéreo	totax 'neged metosim	תּוֹתָח נֶגֶד מְטוֹסִים (ז)
tanque (m)	tank	טַנְק (ז)
canhão (de um tanque)	totax	תּוֹתָח (ז)
artilharia (f)	arti'lerya	אַרְטִילֶרְיָה (נ)
canhão (m)	totax	תּוֹתָח (ז)
fazer a pontaria	lexaven	לְכַוֵּון
projétil (m)	pagaz	פָּגָז (ז)
granada (f) de morteiro	ptsatsat margema	פְּצָצַת מַרְגֵּמָה (נ)
morteiro (m)	margema	מַרְגֵּמָה (נ)
estilhaço (m)	resis	רְסִיס (ז)
submarino (m)	tso'lelet	צוֹלֶלֶת (נ)
torpedo (m)	tor'pedo	טוֹרְפֶּדוֹ (ז)
míssil (m)	til	טִיל (ז)
carregar (uma arma)	lit'on	לִטְעוֹן
disparar, atirar (vi)	lirot	לִירוֹת
apontar para …	lexaven	לְכַוֵּון
baioneta (f)	kidon	כִּידוֹן (ז)
espada (f)	'xerev	חֶרֶב (נ)
sabre (m)	'xerev paraʃim	חֶרֶב פָּרָשִׁים (ז)
lança (f)	xanit	חֲנִית (נ)
arco (m)	'keʃet	קֶשֶׁת (נ)
flecha (f)	xets	חֵץ (ז)
mosquete (m)	musket	מוּסְקֶט (ז)
besta (f)	'keʃet metsu'levet	קֶשֶׁת מְצוּלֶבֶת (נ)

115. Povos da antiguidade

primitivo (adj)	kadmon	קַדְמוֹן
pré-histórico (adj)	prehis'tori	פְּרֶהִיסְטוֹרִי
antigo (adj)	atik	עַתִּיק
Idade (f) da Pedra	idan ha''even	עִידָן הָאֶבֶן (ז)
Idade (f) do Bronze	idan ha'arad	עִידָן הָאֲרָד (ז)
Era (f) do Gelo	idan ha'kerax	עִידָן הַקֶּרַח (ז)
tribo (f)	'ʃevet	שֵׁבֶט (ז)
canibal (m)	oxel adam	אוֹכֵל אָדָם (ז)
caçador (m)	tsayad	צַיָּיד (ז)
caçar (vi)	latsud	לָצוּד
mamute (m)	ma'muta	מָמוּטָה (נ)
caverna (f)	me'ara	מְעָרָה (נ)
fogo (m)	eʃ	אֵשׁ (נ)
fogueira (f)	medura	מְדוּרָה (נ)
pintura (f) rupestre	pet'roglif	פֶּטְרוֹגְלִיף (ז)
ferramenta (f)	kli	כְּלִי (ז)
lança (f)	xanit	חֲנִית (נ)
machado (m) de pedra	garzen ha'even	גַּרְזֶן הָאֶבֶן (ז)
guerrear (vt)	lehilaxem	לְהִילָחֵם
domesticar (vt)	levayet	לְבַיֵּית
ídolo (m)	'pesel	פֶּסֶל (ז)
adorar, venerar (vt)	la'avod et	לַעֲבוֹד אֶת
superstição (f)	emuna tfela	אֱמוּנָה תְּפֵלָה (נ)
ritual (m)	'tekes	טֶקֶס (ז)
evolução (f)	evo'lutsya	אָבוֹלוּצְיָה (נ)
desenvolvimento (m)	hitpatxut	הִתְפַּתְּחוּת (נ)
extinção (f)	he'almut	הֵיעָלְמוּת (נ)
adaptar-se (vr)	lehistagel	לְהִסְתַּגֵּל
arqueologia (f)	arxe'o'logya	אַרְכֵיאוֹלוֹגְיָה (נ)
arqueólogo (m)	arxe'olog	אַרְכֵיאוֹלוֹג (ז)
arqueológico (adj)	arxe'o'logi	אַרְכֵיאוֹלוֹגִי
escavação (sítio)	atar xafirot	אָתָר חֲפִירוֹת (ז)
escavações (f pl)	xafirot	חֲפִירוֹת (נ"ר)
achado (m)	mimtsa	מִמְצָא (ז)
fragmento (m)	resis	רְסִיס (ז)

116. Idade média

povo (m)	am	עַם (ז)
povos (m pl)	amim	עַמִּים (ז"ר)
tribo (f)	'ʃevet	שֵׁבֶט (ז)
tribos (f pl)	ʃvatim	שְׁבָטִים (ז"ר)
bárbaros (pl)	bar'barim	בַּרְבָּרִים (ז"ר)

galeses (pl)	'galim	גָּאלִים (ז"ר)
godos (pl)	'gotim	גוֹתִים (ז"ר)
eslavos (pl)	'slavim	סְלָאבִים (ז"ר)
viquingues (pl)	'vikingim	וִיקִינגִים (ז"ר)
romanos (pl)	roma'im	רוֹמָאִים (ז"ר)
romano (adj)	'romi	רוֹמִי
bizantinos (pl)	bi'zantim	בִּיזַנטִים (ז"ר)
Bizâncio	bizantion, bizants	בִּיזַנטיוֹן, בִּיזַנץ (נ)
bizantino (adj)	bi'zanti	בִּיזַנטִי
imperador (m)	keisar	קֵיסָר (ז)
líder (m)	manhig	מַנהִיג (ז)
poderoso (adj)	rav 'koaχ	רַב-כּוֹחַ
rei (m)	'meleχ	מֶלֶךְ (ז)
governante (m)	ʃalit	שַׁלִיט (ז)
cavaleiro (m)	abir	אַבִּיר (ז)
senhor feudal (m)	fe'odal	פֵיאוֹדָל (ז)
feudal (adj)	fe'o'dali	פֵיאוֹדָלִי
vassalo (m)	vasal	וַסָל (ז)
duque (m)	dukas	דוּכָּס (ז)
conde (m)	rozen	רוֹזֵן (ז)
barão (m)	baron	בָּרוֹן (ז)
bispo (m)	'biʃof	בִּישׁוֹף (ז)
armadura (f)	ʃiryon	שִׁריוֹן (ז)
escudo (m)	magen	מָגֵן (ז)
espada (f)	'χerev	חֶרֶב (נ)
viseira (f)	magen panim	מָגֵן פָּנִים (ז)
cota (f) de malha	ʃiryon kaskasim	שִׁריוֹן קַשׂקַשִׂים (ז)
cruzada (f)	masa tslav	מַסַע צְלָב (ז)
cruzado (m)	tsalban	צַלבָּן (ז)
território (m)	'ʃetaχ	שֶׁטַח (ז)
atacar (vt)	litkof	לִתקוֹף
conquistar (vt)	liχboʃ	לִכבּוֹשׁ
ocupar, invadir (vt)	lehiʃtalet	לְהִשׁתַלֵט
assédio, sítio (m)	matsor	מָצוֹר (ז)
sitiado (adj)	natsur	נָצוּר
assediar, sitiar (vt)	latsur	לָצוּר
inquisição (f)	inkvi'zitsya	אִינקווִיזִיצִיָה (נ)
inquisidor (m)	inkvi'zitor	אִינקווִיזִיטוֹר (ז)
tortura (f)	inui	עִינוּי (ז)
cruel (adj)	aχzari	אַכזָרִי
herege (m)	kofer	כּוֹפֵר (ז)
heresia (f)	kfira	כְּפִירָה (נ)
navegação (f) marítima	haflaga bayam	הַפלָגָה בַּיָם (נ)
pirata (m)	ʃoded yam	שׁוֹדֵד יָם (ז)
pirataria (f)	pi'ratiyut	פִּירָטִיוּת (נ)

abordagem (f)	la'alot al	לַעֲלוֹת עַל
presa (f), butim (m)	ſalal	שָׁלָל (ז)
tesouros (m pl)	oﬆarot	אוֹצָרוֹת (ז"ר)

descobrimento (m)	taglit	תַּגְלִית (נ)
descobrir (novas terras)	legalot	לְגַלּוֹת
expedição (f)	miſ'laχat	מִשְׁלַחַת (נ)

mosqueteiro (m)	musketer	מוּסְקֶטֶר (ז)
cardeal (m)	χaſman	חַשְׁמָן (ז)
heráldica (f)	he'raldika	הֶכַּלְדִּיקָה (נ)
heráldico (adj)	he'raldi	הֶכַּלְדִּי

117. Líder. Chefe. Autoridades

rei (m)	'meleχ	מֶלֶךְ (ז)
rainha (f)	malka	מַלְכָּה (נ)
real (adj)	malχuti	מַלְכוּתִי
reino (m)	mamlaχa	מַמְלָכָה (נ)

príncipe (m)	nasiχ	נָסִיךְ (ז)
princesa (f)	nesiχa	נְסִיכָה (נ)

presidente (m)	nasi	נָשִׂיא (ז)
vice-presidente (m)	sgan nasi	סְגַן נָשִׂיא (ז)
senador (m)	se'nator	סֶנָאטוֹר (ז)

monarca (m)	'meleχ	מֶלֶךְ (ז)
governante (m)	ſalit	שַׁלִּיט (ז)
ditador (m)	rodan	רוֹדָן (ז)
tirano (m)	aruﬆ	עָרוּץ (ז)
magnata (m)	eil hon	אֵיל הוֹן (ז)

diretor (m)	menahel	מְנַהֵל (ז)
chefe (m)	menahel, roſ	מְנַהֵל (ז), רֹאשׁ (ז)
gerente (m)	menahel	מְנַהֵל (ז)
patrão (m)	bos	בּוֹס (ז)
dono (m)	'ba'al	בַּעַל (ז)

líder (m)	manhig	מַנְהִיג (ז)
chefe (m)	roſ	רֹאשׁ (ז)
autoridades (f pl)	ſiltonot	שִׁלְטוֹנוֹת (ז"ר)
superiores (m pl)	memunim	מְמוּנִים (ז"ר)

governador (m)	moſel	מוֹשֵׁל (ז)
cônsul (m)	'konsul	קוֹנְסוֹל (ז)
diplomata (m)	diplomat	דִּיפְּלוֹמָט (ז)
Presidente (m) da Câmara	roſ ha'ir	רֹאשׁ הָעִיר (ז)
xerife (m)	ſerif	שֶׁרִיף (ז)

imperador (m)	keisar	קֵיסָר (ז)
czar (m)	ﬆar	צָאר (ז)
faraó (m)	par'o	פַּרְעֹה (ז)
cã, khan (m)	χan	חָאן (ז)

118. Violação da lei. Criminosos. Parte 1

bandido (m)	ʃoded	שׁוֹדֵד (ז)
crime (m)	'peʃa	פֶּשַׁע (ז)
criminoso (m)	po'ʃeʻa	פּוֹשֵׁעַ (ז)
ladrão (m)	ganav	גַּנָּב (ז)
roubar (vt)	lignov	לִגְנוֹב
furto, roubo (m)	gneva	גְּנֵיבָה (נ)
raptar, sequestrar (vt)	laχatof	לַחֲטוֹף
sequestro (m)	χatifa	חֲטִיפָה (נ)
sequestrador (m)	χotef	חוֹטֵף (ז)
resgate (m)	'kofer	כּוֹפֶר (ז)
pedir resgate	lidroʃ 'kofer	לדרוש כּוֹפֶר
roubar (vt)	liʃdod	לִשְׁדוֹד
assalto, roubo (m)	ʃod	שׁוֹד (ז)
assaltante (m)	ʃoded	שׁוֹדֵד (ז)
extorquir (vt)	lisχot	לִסְחוֹט
extorsionário (m)	saχtan	סַחְטָן (ז)
extorsão (f)	saχtanut	סַחְטָנוּת (נ)
matar, assassinar (vt)	lir'tsoaχ	לִרְצוֹחַ
homicídio (m)	'retsaχ	רֶצַח (ז)
homicida, assassino (m)	ro'tseaχ	רוֹצֵחַ (ז)
tiro (m)	yeriya	יְרִיָּה (נ)
dar um tiro	lirot	לִירוֹת
matar a tiro	lirot la'mavet	לִירוֹת לַמָּוֶת
disparar, atirar (vi)	lirot	לִירוֹת
tiroteio (m)	'yeri	יֶרִי (ז)
incidente (m)	takrit	תַּקְרִית (נ)
briga (~ de rua)	ktata	קְטָטָה (נ)
Socorro!	ha'tsilu!	הַצִּילוּ!
vítima (f)	nifga	נִפְגָּע (ז)
danificar (vt)	lekalkel	לְקַלְקֵל
dano (m)	'nezek	נֶזֶק (ז)
cadáver (m)	gufa	גּוּפָה (נ)
grave (adj)	χamur	חָמוּר
atacar (vt)	litkof	לִתְקוֹף
bater (espancar)	lehakot	לְהַכּוֹת
espancar (vt)	lehakot	לְהַכּוֹת
tirar, roubar (dinheiro)	la'kaχat be'koaχ	לָקַחַת בְּכוֹחַ
esfaquear (vt)	lidkor le'mavet	לִדְקוֹר לָמָּוֶת
mutilar (vt)	lehatil mum	לְהַטִיל מוּם
ferir (vt)	lif'tso'a	לִפְצוֹעַ
chantagem (f)	saχtanut	סַחְטָנוּת (נ)
chantagear (vt)	lisχot	לִסְחוֹט

chantagista (m)	saχtan	סַחְטָן (ז)
extorsão (f)	dmei χasut	דְּמֵי חָסוּת (ז"ר)
extorsionário (m)	gove χasut	גּוֹבֶה חָסוּת (ז)
gângster (m)	'gangster	גֶּנְגְּסְטֶר (ז)
máfia (f)	'mafya	מָאפְיָה (נ)

punguista (m)	kayas	כַּיָּס (ז)
assaltante, ladrão (m)	porets	פּוֹרֵץ (ז)
contrabando (m)	havraχa	הַבְרָחָה (נ)
contrabandista (m)	mav'riaχ	מַבְרִיחַ (ז)

falsificação (f)	ziyuf	זִיּוּף (ז)
falsificar (vt)	lezayef	לְזַיֵּף
falsificado (adj)	mezuyaf	מְזוּיָּף

119. Violação da lei. Criminosos. Parte 2

estupro (m)	'ones	אוֹנֶס (ז)
estuprar (vt)	le'enos	לֶאֱנוֹס
estuprador (m)	anas	אַנָּס (ז)
maníaco (m)	'manyak	מַנְיָאק (ז)

prostituta (f)	zona	זוֹנָה (נ)
prostituição (f)	znut	זְנוּת (נ)
cafetão (m)	sarsur	סַרְסוּר (ז)

| drogado (m) | narkoman | נַרְקוֹמָן (ז) |
| traficante (m) | soχer samim | סוֹחֵר סַמִּים (ז) |

explodir (vt)	lefotsets	לְפוֹצֵץ
explosão (f)	pitsuts	פִּיצוּץ (ז)
incendiar (vt)	lehatsit	לְהַצִּית
incendiário (m)	matsit	מַצִּית (ז)

terrorismo (m)	terorizm	טֵרוֹרִיזְם (ז)
terrorista (m)	meχabel	מְחַבֵּל (ז)
refém (m)	ben aruba	בֶּן עֲרוּבָּה (ז)

enganar (vt)	lehonot	לְהוֹנוֹת
engano (m)	hona'a	הוֹנָאָה (נ)
vigarista (m)	ramai	רַמַּאי (ז)

subornar (vt)	leʃaχed	לְשַׁחֵד
suborno (atividade)	'ʃoχad	שׁוֹחַד (ז)
suborno (dinheiro)	'ʃoχad	שׁוֹחַד (ז)

veneno (m)	'ra'al	רַעַל (ז)
envenenar (vt)	lehar'il	לְהַרְעִיל
envenenar-se (vr)	lehar'il et atsmo	לְהַרְעִיל אֶת עַצְמוֹ

suicídio (m)	hit'abdut	הִתְאַבְּדוּת (נ)
suicida (m)	mit'abed	מִתְאַבֵּד (ז)
ameaçar (vt)	le'ayem	לְאַיֵּם
ameaça (f)	iyum	אִיּוּם (ז)

atentar contra a vida de ...	lehitnakeʃ	לְהִתְנַקֵּשׁ
atentado (m)	nisayon hitnakʃut	נִיסָיוֹן הִתְנַקְּשׁוּת (ז)
roubar (um carro)	lignov	לִגְנוֹב
sequestrar (um avião)	laχatof matos	לַחֲטוֹף מָטוֹס
vingança (f)	nekama	נְקָמָה (נ)
vingar (vt)	linkom	לִנְקוֹם
torturar (vt)	la'anot	לְעַנּוֹת
tortura (f)	inui	עִינּוּי (ז)
atormentar (vt)	leyaser	לְיַסֵּר
pirata (m)	ʃoded yam	שׁוֹדֵד יָם (ז)
desordeiro (m)	χuligan	חוּלִיגָאן (ז)
armado (adj)	mezuyan	מְזוּיָן
violência (f)	alimut	אַלִּימוּת (נ)
ilegal (adj)	'bilti le'gali	בִּלְתִּי לֶגָלִי
espionagem (f)	rigul	רִיגּוּל (ז)
espionar (vi)	leragel	לְרַגֵּל

120. Polícia. Lei. Parte 1

justiça (sistema de ~)	'ʦedek	צֶדֶק (ז)
tribunal (m)	beit miʃpat	בֵּית מִשְׁפָּט (ז)
juiz (m)	ʃofet	שׁוֹפֵט (ז)
jurados (m pl)	muʃba'im	מוּשְׁבָּעִים (ז"ר)
tribunal (m) do júri	χaver muʃba'im	חָבֶר מוּשְׁבָּעִים (ז)
julgar (vt)	liʃpot	לִשְׁפּוֹט
advogado (m)	oreχ din	עוֹרֵךְ דִּין (ז)
réu (m)	omed lemiʃpat	עוֹמֵד לְמִשְׁפָּט (ז)
banco (m) dos réus	safsal ne'eʃamim	סַפְסָל נֶאֱשָׁמִים (ז)
acusação (f)	ha'aʃama	הָאֲשָׁמָה (נ)
acusado (m)	ne'eʃam	נֶאֱשָׁם (ז)
sentença (f)	gzar din	גְּזַר דִּין (ז)
sentenciar (vt)	lifsok	לִפְסוֹק
culpado (m)	aʃem	אָשֵׁם (ז)
punir (vt)	leha'aniʃ	לְהַעֲנִישׁ
punição (f)	'oneʃ	עוֹנֶשׁ (ז)
multa (f)	knas	קְנָס (ז)
prisão (f) perpétua	ma'asar olam	מַאֲסַר עוֹלָם (ז)
pena (f) de morte	'oneʃ 'mavet	עוֹנֶשׁ מָוֶת (ז)
cadeira (f) elétrica	kise χaʃmali	כִּיסֵא חַשְׁמַלִּי (ז)
forca (f)	gardom	גַּרְדּוֹם (ז)
executar (vt)	lehotsi la'horeg	לְהוֹצִיא לַהוֹרֵג
execução (f)	hatsa'a le'horeg	הוֹצָאָה לְהוֹרֵג (נ)

| prisão (f) | beit 'sohar | בֵּית סוֹהַר (ז) |
| cela (f) de prisão | ta | תָּא (ז) |

escolta (f)	miʃmar livui	מִשְׁמַר לִיווּי (ז)
guarda (m) prisional	soher	סוֹהֵר (ז)
preso, prisioneiro (m)	asir	אָסִיר (ז)

| algemas (f pl) | azikim | אֲזִיקִים (ז"ר) |
| algemar (vt) | liҳbol be'azikim | לִכְבּוֹל בַּאֲזִיקִים |

fuga, evasão (f)	briҳa	בְּרִיחָה (נ)
fugir (vi)	liv'roaҳ	לִבְרוֹחַ
desaparecer (vi)	lehe'alem	לְהֵיעָלֵם
soltar, libertar (vt)	leʃaҳrer	לְשַׁחְרֵר
anistia (f)	ҳanina	חֲנִינָה (נ)

polícia (instituição)	miʃtara	מִשְׁטָרָה (נ)
polícia (m)	ʃoter	שׁוֹטֵר (ז)
delegacia (f) de polícia	taҳanat miʃtara	תַּחֲנַת מִשְׁטָרָה (נ)
cassetete (m)	ala	אַלָּה (נ)
megafone (m)	megafon	מֶגָפוֹן (ז)

carro (m) de patrulha	na'yedet	נַיֶּדֶת (נ)
sirene (f)	tsofar	צוֹפָר (ז)
ligar a sirene	lehaf'il tsofar	לְהַפְעִיל צוֹפָר
toque (m) da sirene	tsfira	צְפִירָה (נ)

cena (f) do crime	zirat 'peʃa	זִירַת פֶּשַׁע (נ)
testemunha (f)	ed	עֵד (ז)
liberdade (f)	'ҳofeʃ	חוֹפֶשׁ (ז)
cúmplice (m)	ʃutaf	שׁוּתָף (ז)
escapar (vi)	lehiҳave	לְהֵיחָבֵא
traço (não deixar ~s)	akev	עָקֵב (ז)

121. Polícia. Lei. Parte 2

procura (f)	ҳipus	חִיפּוּשׂ (ז)
procurar (vt)	leҳapes	לְחַפֵּשׂ
suspeita (f)	ҳaʃad	חָשָׁד (ז)
suspeito (adj)	ҳaʃud	חָשׁוּד
parar (veículo, etc.)	la'atsor	לַעֲצוֹר
deter (fazer parar)	la'atsor	לַעֲצוֹר

caso (~ criminal)	tik	תִּיק (ז)
investigação (f)	ҳakira	חֲקִירָה (נ)
detetive (m)	balaʃ	בַּלָּשׁ (ז)
investigador (m)	ҳoker	חוֹקֵר (ז)
versão (f)	haʃ'ara	הַשְׁעָרָה (נ)

motivo (m)	me'ni'a	מֵנִיעַ (ז)
interrogatório (m)	ҳakira	חֲקִירָה (נ)
interrogar (vt)	laҳkor	לַחְקוֹר
questionar (vt)	letaʃ'el	לְתַשְׁאֵל
verificação (f)	bdika	בְּדִיקָה (נ)

batida (f) policial	matsod	מַצוֹד (ז)
busca (f)	χipus	חִיפּוּשׂ (ז)
perseguição (f)	mirdaf	מִרְדָף (ז)
perseguir (vt)	lirdof aχarei	לִרְדוֹף אַחֲרֵי
seguir, rastrear (vt)	la'akov aχarei	לַעֲקוֹב אַחֲרֵי
prisão (f)	ma'asar	מַאֲסָר (ז)
prender (vt)	le'esor	לֶאֱסוֹר
pegar, capturar (vt)	lilkod	לִלְכּוֹד
captura (f)	leχida	לְכִידָה (נ)
documento (m)	mismaχ	מִסְמָךְ (ז)
prova (f)	hoχaχa	הוֹכָחָה (נ)
provar (vt)	leho'χiaχ	לְהוֹכִיחַ
pegada (f)	akev	עָקֵב (ז)
impressões (f pl) digitais	tvi'ot etsba'ot	טְבִיעוֹת אֶצְבָּעוֹת (נ"ר)
prova (f)	re'aya	רְאָיָה (נ)
álibi (m)	'alibi	אָלִיבִּי (ז)
inocente (adj)	χaf mi'peſa	חַף מִפֶּשַׁע
injustiça (f)	i 'tsedek	אִי צֶדֶק (ז)
injusto (adj)	lo tsodek	לֹא צוֹדֵק
criminal (adj)	plili	פְּלִילִי
confiscar (vt)	lehaχrim	לְהַחְרִים
droga (f)	sam	סַם (ז)
arma (f)	'neſek	נֶשֶׁק (ז)
desarmar (vt)	lifrok mi'neſek	לִפְרוֹק מִנֶּשֶׁק
ordenar (vt)	lifkod	לִפְקוֹד
desaparecer (vi)	lehe'alem	לְהֵיעָלֵם
lei (f)	χok	חוֹק (ז)
legal (adj)	χuki	חוּקִי
ilegal (adj)	'bilti χuki	בִּלְתִי חוּקִי
responsabilidade (f)	aχrayut	אַחְרָיוּת (נ)
responsável (adj)	aχrai	אַחְרַאי

NATUREZA

A Terra. Parte 1

122. Espaço sideral

espaço, cosmo (m)	χalal	חָלָל (ז)
espacial, cósmico (adj)	ʃel χalal	שֶׁל חָלָל
espaço (m) cósmico	χalal χitson	חָלָל חִיצוֹן (ז)
mundo (m)	olam	עוֹלָם (ז)
universo (m)	yekum	יְקוּם (ז)
galáxia (f)	ga'laksya	גָּלַקְסְיָה (נ)
estrela (f)	koχav	כּוֹכָב (ז)
constelação (f)	tsvir koχavim	צְבִיר כּוֹכָבִים (ז)
planeta (m)	koχav 'leχet	כּוֹכַב לֶכֶת (ז)
satélite (m)	lavyan	לַוְיָן (ז)
meteorito (m)	mete'orit	מֶטֶאוֹרִיט (ז)
cometa (m)	koχav ʃavit	כּוֹכַב שָׁבִיט (ז)
asteroide (m)	aste'ro'id	אַסְטְרוֹאִיד (ז)
órbita (f)	maslul	מַסְלוּל (ז)
girar (vi)	lesovev	לְסוֹבֵב
atmosfera (f)	atmos'fera	אַטְמוֹסְפֵרָה (נ)
Sol (m)	'ʃemeʃ	שֶׁמֶשׁ (נ)
Sistema (m) Solar	ma'a'reχet ha'ʃemeʃ	מַעֲרֶכֶת הַשֶׁמֶשׁ (נ)
eclipse (m) solar	likui χama	לִיקוּי חַמָה (ז)
Terra (f)	kadur ha''arets	כַּדוּר הָאָרֶץ (ז)
Lua (f)	ya'reaχ	יָרֵחַ (ז)
Marte (m)	ma'adim	מַאֲדִים (ז)
Vênus (f)	'noga	נוֹגַה (ז)
Júpiter (m)	'tsedek	צֶדֶק (ז)
Saturno (m)	ʃabtai	שַׁבְּתַאי (ז)
Mercúrio (m)	koχav χama	כּוֹכַב חַמָה (ז)
Urano (m)	u'ranus	אוּרָנוּס (ז)
Netuno (m)	neptun	נֶפְּטוּן (ז)
Plutão (m)	'pluto	פְּלוּטוֹ (ז)
Via Láctea (f)	ʃvil haχalav	שְׁבִיל הָחָלָב (ז)
Ursa Maior (f)	duba gdola	דוּבָּה גְדוֹלָה (נ)
Estrela Polar (f)	koχav hatsafon	כּוֹכַב הַצָפוֹן (ז)
marciano (m)	toʃav ma'adim	תוֹשָׁב מַאֲדִים (ז)
extraterrestre (m)	χutsan	חוּצָן (ז)

alienígena (m)	χaizar	חַייזָר (ז)
disco (m) voador	tsa'laχat me'o'fefet	צַלַחַת מְעוֹפֶפֶת (נ)
espaçonave (f)	χalalit	חֲלָלִית (נ)
estação (f) orbital	taχanat χalal	תַחֲנַת חָלָל (נ)
lançamento (m)	hamra'a	הַמְרָאָה (נ)
motor (m)	ma'no'a	מָנוֹעַ (ז)
bocal (m)	neχir	נְחִיר (ז)
combustível (m)	'delek	דֶלֶק (ז)
cabine (f)	'kokpit	קוֹקְפִּיט (ז)
antena (f)	an'tena	אַנטֶנָה (נ)
vigia (f)	eʃnav	אֶשׁנָב (ז)
bateria (f) solar	'luaχ so'lari	לוּחַ סוֹלָרִי (ז)
traje (m) espacial	χalifat χalal	חֲלִיפַת חָלָל (נ)
imponderabilidade (f)	'χoser miʃkal	חוֹסֶר מִשׁקָל (ז)
oxigênio (m)	χamtsan	חַמצָן (ז)
acoplagem (f)	agina	עֲגִינָה (נ)
fazer uma acoplagem	la'agon	לַעֲגוֹן
observatório (m)	mitspe koχavim	מִצפֵּה כּוֹכָבִים (ז)
telescópio (m)	teleskop	טֶלֶסקוֹפ (ז)
observar (vt)	litspot, lehaʃkif	לִצפּוֹת, לְהַשׁקִיף
explorar (vt)	laχkor	לַחקוֹר

123. A Terra

Terra (f)	kadur ha''arets	כַּדוּר הָאָרֶץ (ז)
globo terrestre (Terra)	kadur ha''arets	כַּדוּר הָאָרֶץ (ז)
planeta (m)	koχav 'leχet	כּוֹכָב לֶכֶת (ז)
atmosfera (f)	atmos'fera	אַטמוֹספֶרָה (נ)
geografia (f)	ge'o'grafya	גֵיאוֹגרַפיָה (נ)
natureza (f)	'teva	טֶבַע (ז)
globo (mapa esférico)	'globus	גלוֹבּוּס (ז)
mapa (m)	mapa	מַפָּה (נ)
atlas (m)	'atlas	אַטלָס (ז)
Europa (f)	ei'ropa	אֵירוֹפָּה (נ)
Ásia (f)	'asya	אַסיָה (נ)
África (f)	'afrika	אַפרִיקָה (נ)
Austrália (f)	ost'ralya	אוֹסטרַליָה (נ)
América (f)	a'merika	אָמֶרִיקָה (נ)
América (f) do Norte	a'merika hatsfonit	אָמֶרִיקָה הַצפוֹנִית (נ)
América (f) do Sul	a'merika hadromit	אָמֶרִיקָה הַדרוֹמִית (נ)
Antártida (f)	ya'beʃet an'tarktika	יַבֶּשֶׁת אַנטַארקטִיקָה (נ)
Ártico (m)	'arktika	אַרקטִיקָה (נ)

124. Pontos cardeais

norte (m)	tsafon	צָפוֹן (ז)
para norte	tsa'fona	צָפוֹנָה
no norte	batsafon	בַּצָפוֹן
do norte (adj)	tsfoni	צפוֹנִי
sul (m)	darom	דָרוֹם (ז)
para sul	da'roma	דָרוֹמָה
no sul	badarom	בַּדָרוֹם
do sul (adj)	dromi	דרוֹמִי
oeste, ocidente (m)	ma'arav	מַעֲרָב (ז)
para oeste	ma'a'rava	מַעֲרָבָה
no oeste	bama'arav	בַּמַעֲרָב
ocidental (adj)	ma'aravi	מַעֲרָבִי
leste, oriente (m)	mizraχ	מִזרָח (ז)
para leste	miz'raχa	מִזרָחָה
no leste	bamizraχ	בַּמִזרָח
oriental (adj)	mizraχi	מִזרָחִי

125. Mar. Oceano

mar (m)	yam	יָם (ז)
oceano (m)	ok'yanos	אוֹקיָאנוֹס (ז)
golfo (m)	mifrats	מִפרָץ (ז)
estreito (m)	meitsar	מִיצָר (ז)
terra (f) firme	yabaʃa	יַבָּשָׁה (נ)
continente (m)	ya'beʃet	יַבָּשָׁת (נ)
ilha (f)	i	אִי (ז)
península (f)	χatsi i	חֲצִי אִי (ז)
arquipélago (m)	arχipelag	אַרכִיפֶּלָג (ז)
baía (f)	mifrats	מִפרָץ (ז)
porto (m)	namal	נָמָל (ז)
lagoa (f)	la'guna	לָגוּנָה (נ)
cabo (m)	kef	כֵּף (ז)
atol (m)	atol	אָטוֹל (ז)
recife (m)	ʃunit	שׁוּנִית (נ)
coral (m)	almog	אַלמוֹג (ז)
recife (m) de coral	ʃunit almogim	שׁוּנִית אַלמוֹגִים (נ)
profundo (adj)	amok	עָמוֹק
profundidade (f)	'omek	עוֹמֶק (ז)
abismo (m)	tehom	תְהוֹם (נ)
fossa (f) oceânica	maχteʃ	מַכתֵשׁ (ז)
corrente (f)	'zerem	זֶרֶם (ז)
banhar (vt)	lehakif	לְהַקִיף
litoral (m)	χof	חוֹף (ז)

costa (f)	χof yam	חוֹף יָם (ז)
maré (f) alta	ge'ut	גֵּאוּת (נ)
refluxo (m)	ʃefel	שֵׁפֶל (ז)
restinga (f)	sirton	שִׂרטוֹן (ז)
fundo (m)	karka'it	קַרְקָעִית (נ)

onda (f)	gal	גַּל (ז)
crista (f) da onda	pisgat hagal	פִּסגַּת הַגַּל (נ)
espuma (f)	'ketsef	קֶצֶף (ז)

tempestade (f)	sufa	סוּפָה (נ)
furacão (m)	hurikan	הוּרִיקָן (ז)
tsunami (m)	tsu'nami	צוּנָאמִי (ז)
calmaria (f)	'roga	רוֹגַע (ז)
calmo (adj)	ʃalev	שָׁלֵו

| polo (m) | 'kotev | קוֹטֶב (ז) |
| polar (adj) | kotbi | קוֹטבִּי |

latitude (f)	kav 'roχav	קַו רוֹחַב (ז)
longitude (f)	kav 'oreχ	קַו אוֹרֶךְ (ז)
paralela (f)	kav 'roχav	קַו רוֹחַב (ז)
equador (m)	kav hamaʃve	קַו הַמַשׁוֶה (ז)

céu (m)	ʃa'mayim	שָׁמַיִם (ז"ר)
horizonte (m)	'ofek	אוֹפֶק (ז)
ar (m)	avir	אֲוִויר (ז)

farol (m)	migdalor	מִגדָלוֹר (ז)
mergulhar (vi)	litslol	לִצלוֹל
afundar-se (vr)	lit'bo'a	לִטבּוֹעַ
tesouros (m pl)	otsarot	אוֹצָרוֹת (ז"ר)

126. Nomes de Mares e Oceanos

Oceano (m) Atlântico	ha'ok'yanus ha'at'lanti	הָאוֹקיָינוֹס הָאַטלַנטִי (ז)
Oceano (m) Índico	ha'ok'yanus ha'hodi	הָאוֹקיָינוֹס הַהוֹדִי (ז)
Oceano (m) Pacífico	ha'ok'yanus haʃaket	הָאוֹקיָינוֹס הַשָׁקֵט (ז)
Oceano (m) Ártico	ok'yanos ha'keraχ hatsfoni	אוֹקיָינוֹס הַקֶרַח הַצפוֹנִי (ז)

Mar (m) Negro	hayam haʃaχor	הַיָם הַשָׁחוֹר (ז)
Mar (m) Vermelho	yam suf	יַם סוּף (ז)
Mar (m) Amarelo	hayam hatsahov	הַיָם הַצָהוֹב (ז)
Mar (m) Branco	hayam halavan	הַיָם הַלָבָן (ז)

Mar (m) Cáspio	hayam ha'kaspi	הַיָם הַכַּספִּי (ז)
Mar (m) Morto	yam ha'melaχ	יַם הַמֶלַח (ז)
Mar (m) Mediterrâneo	hayam hatiχon	הַיָם הַתִיכוֹן (ז)

| Mar (m) Egeu | hayam ha'e'ge'i | הַיָם הָאֶגָאִי (ז) |
| Mar (m) Adriático | hayam ha'adri'yati | הַיָם הָאַדרִיָאתִי (ז) |

| Mar (m) Arábico | hayam ha'aravi | הַיָם הָעֲרָבִי (ז) |
| Mar (m) do Japão | hayam haya'pani | הַיָם הַיָפָנִי (ז) |

| Mar (m) de Bering | yam 'bering | יָם בֶּרִינג (ז) |
| Mar (m) da China Meridional | yam sin hadromi | יָם סִין הַדְרוֹמִי (ז) |

Mar (m) de Coral	yam ha'almogim	יָם הָאַלְמוֹגִים (ז)
Mar (m) de Tasman	yam tasman	יָם טַסְמָן (ז)
Mar (m) do Caribe	hayam haka'ribi	הַיָם הַקָרִיבִּי (ז)

| Mar (m) de Barents | yam 'barents | יָם בֶּרֶנְץ (ז) |
| Mar (m) de Kara | yam 'kara | יָם קָאָרָה (ז) |

Mar (m) do Norte	hayam hatsfoni	הַיָם הַצְפוֹנִי (ז)
Mar (m) Báltico	hayam ha'balti	הַיָם הַבַּלְטִי (ז)
Mar (m) da Noruega	hayam hanor'vegi	הַיָם הַנוֹרְבֶּגִי (ז)

127. Montanhas

montanha (f)	har	הַר (ז)
cordilheira (f)	'reχes harim	רֶכֶס הָרִים (ז)
serra (f)	'reχes har	רֶכֶס הַר (ז)

cume (m)	pisga	פִּסְגָה (נ)
pico (m)	pisga	פִּסְגָה (נ)
pé (m)	margelot	מַרְגְלוֹת (נ"ר)
declive (m)	midron	מִדְרוֹן (ז)

vulcão (m)	har 'ga'aʃ	הַר גַעַשׁ (ז)
vulcão (m) ativo	har 'ga'aʃ pa'il	הַר גַעַשׁ פָּעִיל (ז)
vulcão (m) extinto	har 'ga'aʃ radum	הַר גַעַשׁ רָדוּם (ז)

erupção (f)	hitpartsut	הִתְפָּרְצוּת (נ)
cratera (f)	lo'a	לוֹעַ (ז)
magma (m)	megama	מַגְמָה (נ)
lava (f)	'lava	לָאבָה (נ)
fundido (lava ~a)	lohet	לוֹהֵט

cânion, desfiladeiro (m)	kanyon	קַנְיוֹן (ז)
garganta (f)	gai	גַיְא (ז)
fenda (f)	'beka	בֶּקַע (ז)
precipício (m)	tehom	תְהוֹם (נ)

passo, colo (m)	ma'avar harim	מַעֲבָר הָרִים (ז)
planalto (m)	rama	רָמָה (נ)
falésia (f)	tsuk	צוּק (ז)
colina (f)	giv'a	גִבְעָה (נ)

geleira (f)	karχon	קַרְחוֹן (ז)
cachoeira (f)	mapal 'mayim	מַפַּל מַיִם (ז)
gêiser (m)	'geizer	גֵייזֶר (ז)
lago (m)	agam	אֲגַם (ז)

planície (f)	miʃor	מִישׁוֹר (ז)
paisagem (f)	nof	נוֹף (ז)
eco (m)	hed	הֵד (ז)
alpinista (m)	metapes harim	מְטַפֵּס הָרִים (ז)

escalador (m)	metapes sla'im	מְטַפֵּס סְלָעִים (ז)
conquistar (vt)	lixboʃ	לִכְבּוֹשׁ
subida, escalada (f)	tipus	טִיפּוּס (ז)

128. Nomes de montanhas

Alpes (m pl)	harei ha''alpim	הָרֵי הָאֶלְפִּים (ז"ר)
Monte Branco (m)	mon blan	מוֹן בְּלָאן (ז)
Pirineus (m pl)	pire'ne'im	פִּירֶנָאִים (ז"ר)

Cárpatos (m pl)	kar'patim	קַרְפָּטִים (ז"ר)
Urais (m pl)	harei ural	הָרֵי אוּרָל (ז"ר)
Cáucaso (m)	harei hakavkaz	הָרֵי הַקַּווֹקָז (ז"ר)
Elbrus (m)	elbrus	אֶלְבְּרוּס (ז)

Altai (m)	harei altai	הָרֵי אַלְטַאי (ז"ר)
Tian Shan (m)	tyan ʃan	טִיאָן שָׁאן (ז)
Pamir (m)	harei pamir	הָרֵי פָּאמִיר (ז"ר)
Himalaia (m)	harei hehima'laya	הָרֵי הֶהִימָלַאיָה (ז"ר)
monte Everest (m)	everest	אֶוֶורֶסְט (ז)

| Cordilheira (f) dos Andes | harei ha''andim | הָרֵי הָאָנְדִים (ז"ר) |
| Kilimanjaro (m) | kiliman'dʒaro | קִילִימַנְגְ'רוֹ (ז) |

129. Rios

rio (m)	nahar	נָהָר (ז)
fonte, nascente (f)	ma'ayan	מַעְיָין (ז)
leito (m) de rio	afik	אָפִיק (ז)
bacia (f)	agan nahar	אַגַּן נָהָר (ז)
desaguar no ...	lehiʃapex	לְהִישָׁפֵךְ

| afluente (m) | yuval | יוּבַל (ז) |
| margem (do rio) | xof | חוֹף (ז) |

corrente (f)	'zerem	זֶרֶם (ז)
rio abaixo	bemorad hanahar	בְּמוֹרַד הַנָּהָר
rio acima	bema'ale hanahar	בְּמַעֲלֵה הַזֶּרֶם

inundação (f)	hatsafa	הַצָּפָה (נ)
cheia (f)	ʃitafon	שִׁיטָפוֹן (ז)
transbordar (vi)	la'alot al gdotav	לַעֲלוֹת עַל גְּדוֹתָיו
inundar (vt)	lehatsif	לְהָצִיף

| banco (m) de areia | sirton | שִׂרְטוֹן (ז) |
| corredeira (f) | 'eʃed | אֶשֶׁד (ז) |

barragem (f)	'sexer	סֶכֶר (ז)
canal (m)	te'ala	תְּעָלָה (נ)
reservatório (m) de água	ma'agar 'mayim	מַאֲגַר מַיִם (ז)
eclusa (f)	ta 'ʃayit	תָּא שַׁיִט (ז)
corpo (m) de água	ma'agar 'mayim	מַאֲגַר מַיִם (ז)

pântano (m)	bitsa	בִּיצָה (נ)
lamaçal (m)	bitsa	בִּיצָה (נ)
redemoinho (m)	me'ar'bolet	מְעַרְבֹּלֶת (נ)

riacho (m)	'naxal	נַחַל (ז)
potável (adj)	ʃel ʃtiya	שֶׁל שְׁתִיָּיה
doce (água)	metukim	מְתוּקִים

| gelo (m) | 'kerax | קֶרַח (ז) |
| congelar-se (vr) | likpo | לִקְפּוֹא |

130. Nomes de rios

| rio Sena (m) | hasen | הַסֵן (ז) |
| rio Loire (m) | lu'ar | לוּאָר (ז) |

rio Tâmisa (m)	'temza	תַמְזָה (ז)
rio Reno (m)	hrain	הרַיִין (ז)
rio Danúbio (m)	da'nuba	דָנוּבָּה (ז)

rio Volga (m)	'volga	וֹולְגָה (ז)
rio Don (m)	nahar don	נָהָר דּוֹן (ז)
rio Lena (m)	'lena	לֶנָה (ז)

rio Amarelo (m)	hvang ho	הוֹואָנְג הוֹ (ז)
rio Yangtzé (m)	yangʦe	יָאנְגצֶה (ז)
rio Mekong (m)	mekong	מֶקוֹנְג (ז)
rio Ganges (m)	'ganges	גַנְגֶס (ז)

rio Nilo (m)	'nilus	נִילוּס (ז)
rio Congo (m)	'kongo	קוֹנְגוֹ (ז)
rio Cubango (m)	ok'vango	אוֹקבָנְגוֹ (ז)
rio Zambeze (m)	zam'bezi	זַמְבֶּזִי (ז)
rio Limpopo (m)	limpopo	לִימְפּוֹפּוֹ (ז)
rio Mississippi (m)	misi'sipi	מִיסִיסִיפִּי (ז)

131. Floresta

| floresta (f), bosque (m) | 'ya'ar | יַעַר (ז) |
| florestal (adj) | ʃel 'ya'ar | שֶׁל יַעַר |

mata (f) fechada	avi ha'ya'ar	עֲבִי הַיַּעַר (ז)
arvoredo (m)	xurʃa	חוּרְשָׁה (נ)
clareira (f)	ka'raxat 'ya'ar	קָרַחַת יַעַר (נ)

| matagal (m) | svax | סְבַךְ (ז) |
| mato (m), caatinga (f) | 'siax | שִׂיחַ (ז) |

pequena trilha (f)	ʃvil	שְׁבִיל (ז)
ravina (f)	'emek ʦar	עֵמֶק צַר (ז)
árvore (f)	eʦ	עֵץ (ז)
folha (f)	ale	עָלֶה (ז)

folhagem (f)	alva	עָלוָה (נ)
queda (f) das folhas	ʃaˈleχet	שֶׁלֶכֶת (נ)
cair (vi)	linʃor	לִנשׁוֹר
topo (m)	tsaˈmeret	צַמֶּרֶת (נ)

ramo (m)	anaf	עָנָף (ז)
galho (m)	anaf ave	עָנָף עָבֶה (ז)
botão (m)	nitsan	נִיצָן (ז)
agulha (f)	ˈmaχat	מַחַט (נ)
pinha (f)	itstrubal	אִצְטְרוּבָּל (ז)

buraco (m) de árvore	χor baˈets	חוֹר בָּעֵץ (ז)
ninho (m)	ken	קֵן (ז)
toca (f)	meχila	מְחִילָה (נ)

tronco (m)	ˈgeza	גֶּזַע (ז)
raiz (f)	ˈʃoreʃ	שׁוֹרֶשׁ (ז)
casca (f) de árvore	klipa	קְלִיפָּה (נ)
musgo (m)	taχav	טַחַב (ז)

arrancar pela raiz	laˈakor	לַעֲקוֹר
cortar (vt)	liχrot	לִכרוֹת
desflorestar (vt)	levare	לְבָרֵא
toco, cepo (m)	ˈgedem	גֶּדֶם (ז)

fogueira (f)	medura	מְדוּרָה (נ)
incêndio (m) florestal	srefa	שְׂרֵיפָה (נ)
apagar (vt)	leχabot	לְכַבּוֹת

guarda-parque (m)	ʃomer ˈyaˈar	שׁוֹמֵר יַעַר (ז)
proteção (f)	ʃmira	שמִירָה (נ)
proteger (a natureza)	liʃmor	לִשמוֹר
caçador (m) furtivo	tsayad lelo reʃut	צַיָּיד לְלֹא רְשׁוּת (ז)
armadilha (f)	malˈkodet	מַלכּוֹדֶת (נ)

| colher (cogumelos, bagas) | lelaket | לְלַקֵט |
| perder-se (vr) | litˈot | לִתעוֹת |

132. Recursos naturais

recursos (m pl) naturais	otsarot ˈteva	אוֹצָרוֹת טֶבַע (ז"ר)
minerais (m pl)	mineˈralim	מִינָרָלִים (ז"ר)
depósitos (m pl)	mirbats	מִרבָּץ (ז)
jazida (f)	mirbats	מִרבָּץ (ז)

extrair (vt)	liχrot	לִכרוֹת
extração (f)	kriya	כּרִייָה (נ)
minério (m)	afra	עַפרָה (נ)
mina (f)	miχre	מִכרֶה (ז)
poço (m) de mina	pir	פִּיר (ז)
mineiro (m)	kore	כּוֹרֶה (ז)

| gás (m) | gaz | גָּז (ז) |
| gasoduto (m) | tsinor gaz | צִינוֹר גָּז (ז) |

petróleo (m)	neft	נֶפְט (ז)
oleoduto (m)	tsinor neft	צִינוֹר נֶפְט (ז)
poço (m) de petróleo	be'er neft	בְּאֵר נֶפְט (נ)
torre (f) petrolífera	migdal ki'duaχ	מִגְדַל קִידוּחַ (ז)
petroleiro (m)	meχalit	מֵיכָלִית (נ)

areia (f)	χol	חוֹל (ז)
calcário (m)	'even gir	אֶבֶן גִיר (נ)
cascalho (m)	χatsats	חָצָץ (ז)
turfa (f)	kavul	כָּבוּל (ז)
argila (f)	tit	טִיט (ז)
carvão (m)	peχam	פֶּחָם (ז)

ferro (m)	barzel	בַּרְזֶל (ז)
ouro (m)	zahav	זָהָב (ז)
prata (f)	'kesef	כֶּסֶף (ז)
níquel (m)	'nikel	נִיקֶל (ז)
cobre (m)	ne'χoʃet	נְחוֹשֶׁת (נ)

zinco (m)	avats	אָבָץ (ז)
manganês (m)	mangan	מַנְגָּן (ז)
mercúrio (m)	kaspit	כַּסְפִית (נ)
chumbo (m)	o'feret	עוֹפֶרֶת (נ)

mineral (m)	mineral	מִינֶרָל (ז)
cristal (m)	gaviʃ	גָבִישׁ (ז)
mármore (m)	ʃayiʃ	שַׁיִשׁ (ז)
urânio (m)	u'ranyum	אוּרַנְיוּם (ז)

A Terra. Parte 2

133. Tempo

tempo (m)	'mezeg avir	מֶזֶג אֲוֶיר (ז)
previsão (f) do tempo	taχazit 'mezeg ha'avir	תַּחֲזִית מֶזֶג הָאֲוֶיר (נ)
temperatura (f)	tempera'tura	טֶמְפֶּרָטוּרָה (נ)
termômetro (m)	madχom	מַדְחוֹם (ז)
barômetro (m)	ba'rometer	בָּרוֹמֶטֶר (ז)
úmido (adj)	laχ	לַח
umidade (f)	laχut	לַחוּת (נ)
calor (m)	χom	חוֹם (ז)
tórrido (adj)	χam	חַם
está muito calor	χam	חַם
está calor	χamim	חָמִים
quente (morno)	χamim	חָמִים
está frio	kar	קַר
frio (adj)	kar	קַר
sol (m)	'ʃemeʃ	שֶׁמֶשׁ (נ)
brilhar (vi)	lizhor	לִזְהֹר
de sol, ensolarado	ʃimʃi	שִׁמְשִׁי
nascer (vi)	liz'roaχ	לִזְרֹחַ
pôr-se (vr)	liʃ'ko‘a	לִשְׁקֹעַ
nuvem (f)	anan	עָנָן (ז)
nublado (adj)	me‘unan	מְעוּנָן
nuvem (f) preta	av	עָב (ז)
escuro, cinzento (adj)	sagriri	סַגְרִירִי
chuva (f)	'geʃem	גֶּשֶׁם (ז)
está a chover	yored 'geʃem	יוֹרֵד גֶּשֶׁם
chuvoso (adj)	gaʃum	גָּשׁוּם
chuviscar (vi)	letaftef	לְטַפְטֵף
chuva (f) torrencial	matar	מָטָר (ז)
aguaceiro (m)	mabul	מַבּוּל (ז)
forte (chuva, etc.)	χazak	חָזָק
poça (f)	ʃlulit	שְׁלוּלִית (נ)
molhar-se (vr)	lehitratev	לְהִתְרַטֵּב
nevoeiro (m)	arapel	עֲרָפֶל (ז)
de nevoeiro	me‘urpal	מְעוּרְפָּל
neve (f)	'ʃeleg	שֶׁלֶג (ז)
está nevando	yored 'ʃeleg	יוֹרֵד שֶׁלֶג

134. Tempo extremo. Catástrofes naturais

trovoada (f)	sufat reʿamim	סוּפַת רְעָמִים (נ)
relâmpago (m)	barak	בָּרָק (ז)
relampejar (vi)	livhok	לִבְהוֹק

trovão (m)	ʿraʿam	רַעַם (ז)
trovejar (vi)	lirʿom	לִרְעוֹם
está trovejando	lirʿom	לִרְעוֹם

granizo (m)	barad	בָּרָד (ז)
está caindo granizo	yored barad	יוֹרֵד בָּרָד

inundar (vt)	lehatsif	לְהָצִיף
inundação (f)	ʃitafon	שִׁיטָפוֹן (ז)

terremoto (m)	reʿidat adama	רְעִידַת אֲדָמָה (נ)
abalo, tremor (m)	reʿida	רְעִידָה (נ)
epicentro (m)	moked	מוֹקֵד (ז)

erupção (f)	hitpartsut	הִתְפָּרְצוּת (נ)
lava (f)	ʿlava	לָאבָה (נ)

tornado (m)	hurikan	הוֹרִיקָן (ז)
tornado (m)	torʿnado	טוֹרְנָדוֹ (ז)
tufão (m)	taifun	טַייפוּן (ז)

furacão (m)	hurikan	הוֹרִיקָן (ז)
tempestade (f)	sufa	סוּפָה (נ)
tsunami (m)	tsuʿnami	צוּנָאמִי (ז)

ciclone (m)	tsiklon	צִיקְלוֹן (ז)
mau tempo (m)	sagrir	סַגְרִיר (ז)
incêndio (m)	srefa	שְׂרֵיפָה (נ)
catástrofe (f)	ason	אָסוֹן (ז)
meteorito (m)	meteʾorit	מֶטֶאוֹרִיט (ז)

avalanche (f)	maʿpolet ʃlagim	מַפּוֹלֶת שְׁלָגִים (נ)
deslizamento (m) de neve	maʿpolet ʃlagim	מַפּוֹלֶת שְׁלָגִים (נ)
nevasca (f)	sufat ʃlagim	סוּפַת שְׁלָגִים (נ)
tempestade (f) de neve	sufat ʃlagim	סוּפַת שְׁלָגִים (נ)

Fauna

135. Mamíferos. Predadores

predador (m)	χayat 'teref	חַיַּת טֶרֶף (נ)
tigre (m)	'tigris	טִיגְרִיס (ז)
leão (m)	arye	אַרְיֵה (ז)
lobo (m)	ze'ev	זְאֵב (ז)
raposa (f)	ʃu'al	שׁוּעָל (ז)
jaguar (m)	yagu'ar	יָגוּאָר (ז)
leopardo (m)	namer	נָמֵר (ז)
chita (f)	bardelas	בַּרְדְּלָס (ז)
pantera (f)	panter	פַּנְתֵּר (ז)
puma (m)	'puma	פּוּמָה (נ)
leopardo-das-neves (m)	namer 'ʃeleg	נָמֵר שֶׁלֶג (ז)
lince (m)	ʃunar	שׁוּנָר (ז)
coiote (m)	ze'ev ha'aravot	זְאֵב הָעֲרָבוֹת (ז)
chacal (m)	tan	תַּן (ז)
hiena (f)	tsa'vo'a	צָבוֹעַ (ז)

136. Animais selvagens

animal (m)	'ba'al χayim	בַּעַל חַיִּים (ז)
besta (f)	χaya	חַיָּה (נ)
esquilo (m)	sna'i	סְנָאִי (ז)
ouriço (m)	kipod	קִיפּוֹד (ז)
lebre (f)	arnav	אַרְנָב (ז)
coelho (m)	ʃafan	שָׁפָן (ז)
texugo (m)	girit	גִּירִית (נ)
guaxinim (m)	dvivon	דְּבִיבוֹן (ז)
hamster (m)	oger	אוֹגֵר (ז)
marmota (f)	mar'mita	מַרְמִיטָה (נ)
toupeira (f)	χafar'peret	חֲפַרְפֶּרֶת (נ)
rato (m)	aχbar	עַכְבָּר (ז)
ratazana (f)	χulda	חוּלְדָּה (נ)
morcego (m)	atalef	עֲטַלֵף (ז)
arminho (m)	hermin	קַרְמִין (ז)
zibelina (f)	tsobel	צוֹבֶּל (ז)
marta (f)	dalak	דָּלָק (ז)
doninha (f)	χamus	חָמוֹס (ז)
visom (m)	χorfan	חוֹרְפָּן (ז)

castor (m)	bone	בּוֹנֶה (ז)
lontra (f)	lutra	לוּטְרָה (נ)

cavalo (m)	sus	סוּס (ז)
alce (m)	ayal hakore	אַיָּל הַקּוֹרֵא (ז)
veado (m)	ayal	אַיָּל (ז)
camelo (m)	gamal	גָּמָל (ז)

bisão (m)	bizon	בִּיזוֹן (ז)
auroque (m)	bizon ei'ropi	בִּיזוֹן אֵירוֹפִי (ז)
búfalo (m)	te'o	תְּאוֹ (ז)

zebra (f)	'zebra	זֶבְּרָה (נ)
antílope (m)	anti'lopa	אַנְטִילוֹפָה (ז)
corça (f)	ayal hakarmel	אַיָּל הַכַּרְמֶל (ז)
gamo (m)	yaχmur	יַחְמוּר (ז)
camurça (f)	ya'el	יָעֵל (ז)
javali (m)	χazir bar	חֲזִיר בָּר (ז)

baleia (f)	livyatan	לִוְיָתָן (ז)
foca (f)	'kelev yam	כֶּלֶב יָם (ז)
morsa (f)	sus yam	סוּס יָם (ז)
urso-marinho (m)	dov yam	דֹּב יָם (ז)
golfinho (m)	dolfin	דּוֹלְפִין (ז)

urso (m)	dov	דֹּב (ז)
urso (m) polar	dov 'kotev	דֹּב קוֹטֶב (ז)
panda (m)	'panda	פַּנְדָּה (נ)

macaco (m)	kof	קוֹף (ז)
chimpanzé (m)	ʃimpanze	שִׁימְפַּנְזָה (נ)
orangotango (m)	orang utan	אוֹרַנְג־אוּטָן (ז)
gorila (m)	go'rila	גּוֹרִילָה (נ)
macaco (m)	makak	מָקָק (ז)
gibão (m)	gibon	גִּיבּוֹן (ז)

elefante (m)	pil	פִּיל (ז)
rinoceronte (m)	karnaf	קַרְנַף (ז)
girafa (f)	ʤi'rafa	גִ'ירָפָה (נ)
hipopótamo (m)	hipopotam	הִיפּוֹפּוֹטָם (ז)

canguru (m)	'kenguru	קֶנְגּוּרוּ (ז)
coala (m)	ko''ala	קוֹאָלָה (ז)

mangusto (m)	nemiya	נְמִיָּה (נ)
chinchila (f)	tʃin'tʃila	צִ'ינְצִ'ילָה (נ)
cangambá (f)	bo'eʃ	בּוֹאֵשׁ (ז)
porco-espinho (m)	darban	דַּרְבָּן (ז)

137. Animais domésticos

gata (f)	χatula	חֲתוּלָה (נ)
gato (m) macho	χatul	חָתוּל (ז)
cão (m)	'kelev	כֶּלֶב (ז)

cavalo (m)	sus	סוּס (ז)
garanhão (m)	sus harba'a	סוּס הַרְבָּעָה (ז)
égua (f)	susa	סוּסָה (נ)

vaca (f)	para	פָּרָה (נ)
touro (m)	ʃor	שׁוֹר (ז)
boi (m)	ʃor	שׁוֹר (ז)

ovelha (f)	kivsa	כִּבְשָׂה (נ)
carneiro (m)	'ayil	אַיִל (ז)
cabra (f)	ez	עֵז (נ)
bode (m)	'tayiʃ	תַּיִשׁ (ז)

| burro (m) | χamor | חֲמוֹר (ז) |
| mula (f) | 'pered | פֶּרֶד (ז) |

porco (m)	χazir	חֲזִיר (ז)
leitão (m)	χazarzir	חֲזַרְזִיר (ז)
coelho (m)	arnav	אַרְנָב (ז)

| galinha (f) | tarne'golet | תַּרְנְגֹלֶת (נ) |
| galo (m) | tarnegol | תַּרְנְגוֹל (ז) |

pata (f), pato (m)	barvaz	בַּרְוָז (ז)
pato (m)	barvaz	בַּרְוָז (ז)
ganso (m)	avaz	אַוָּז (ז)

| peru (m) | tarnegol 'hodu | תַּרְנְגוֹל הוֹדוּ (ז) |
| perua (f) | tarne'golet 'hodu | תַּרְנְגֹלֶת הוֹדוּ (נ) |

animais (m pl) domésticos	χayot 'bayit	חַיּוֹת בַּיִת (נ"ר)
domesticado (adj)	mevuyat	מְבֻיָּת
domesticar (vt)	levayet	לְבַיֵּת
criar (vt)	lehar'bi'a	לְהַרְבִּיעַ

fazenda (f)	χava	חַוָּה (נ)
aves (f pl) domésticas	ofot 'bayit	עוֹפוֹת בַּיִת (נ"ר)
gado (m)	bakar	בָּקָר (ז)
rebanho (m), manada (f)	'eder	עֵדֶר (ז)

estábulo (m)	urva	אוּרְוָה (נ)
chiqueiro (m)	dir χazirim	דִּיר חֲזִירִים (ז)
estábulo (m)	'refet	רֶפֶת (נ)
coelheira (f)	arnaviya	אַרְנָבִיָּה (נ)
galinheiro (m)	lul	לוּל (ז)

138. Pássaros

pássaro (m), ave (f)	tsipor	צִיפּוֹר (נ)
pombo (m)	yona	יוֹנָה (נ)
pardal (m)	dror	דְּרוֹר (ז)
chapim-real (m)	yargazi	יַרְגָזִי (ז)
pega-rabuda (f)	orev neχalim	עוֹרֵב נְחָלִים (ז)
corvo (m)	orev ʃaχor	עוֹרֵב שָׁחוֹר (ז)

gralha-cinzenta (f)	orev afor	עוֹרֵב אָפוֹר (ז)
gralha-de-nuca-cinzenta (f)	ka'ak	קָאָק (ז)
gralha-calva (f)	orev hamizra	עוֹרֵב הַמִּזְרָע (ז)
pato (m)	barvaz	בַּרְווָז (ז)
ganso (m)	avaz	אֲווָז (ז)
faisão (m)	pasyon	פַּסְיוֹן (ז)
águia (f)	'ayit	עַיִט (ז)
açor (m)	nets	נֵץ (ז)
falcão (m)	baz	בַּז (ז)
abutre (m)	ozniya	עוֹזְנִיָּה (ז)
condor (m)	kondor	קוֹנְדּוֹר (ז)
cisne (m)	barbur	בַּרְבּוּר (ז)
grou (m)	agur	עֲגוּר (ז)
cegonha (f)	χasida	חֲסִידָה (נ)
papagaio (m)	'tuki	תֻּכִּי (ז)
beija-flor (m)	ko'libri	קוֹלִיבְּרִי (ז)
pavão (m)	tavas	טַווָס (ז)
avestruz (m)	bat yaʿana	בַּת יַעֲנָה (נ)
garça (f)	anafa	אֲנָפָה (נ)
flamingo (m)	fla'mingo	פְלָמִינְגוֹ (ז)
pelicano (m)	saknai	שַׂקְנַאי (ז)
rouxinol (m)	zamir	זָמִיר (ז)
andorinha (f)	snunit	סְנוּנִית (נ)
tordo-zornal (m)	kiχli	קִיכְלִי (ז)
tordo-músico (m)	kiχli mezamer	קִיכְלִי מְזַמֵּר (ז)
melro-preto (m)	kiχli ʃaχor	קִיכְלִי שָׁחוֹר (ז)
andorinhão (m)	sis	סִיס (ז)
cotovia (f)	efroni	עֶפְרוֹנִי (ז)
codorna (f)	slav	שְׂלָיו (ז)
pica-pau (m)	'neker	נֶקֶר (ז)
cuco (m)	kukiya	קוּקִיָּה (נ)
coruja (f)	yanʃuf	יַנְשׁוּף (ז)
bufo-real (m)	'oaχ	אוֹחַ (ז)
tetraz-grande (m)	seχvi 'yaʿar	שְׂכווִי יַעַר (ז)
tetraz-lira (m)	seχvi	שְׂכווִי (ז)
perdiz-cinzenta (f)	χogla	חׇגְלָה (נ)
estorninho (m)	zarzir	זַרְזִיר (ז)
canário (m)	ka'narit	קָנָרִית (נ)
galinha-do-mato (f)	seχvi hayaʿarot	שְׂכווִי הַיְּעָרוֹת (ז)
tentilhão (m)	paroʃ	פָּרוּשׁ (ז)
dom-fafe (m)	admonit	אַדְמוֹנִית (נ)
gaivota (f)	ʃaχaf	שַׁחַף (ז)
albatroz (m)	albatros	אַלְבַּטְרוֹס (ז)
pinguim (m)	pingvin	פִּינְגווִין (ז)

139. Peixes. Animais marinhos

brema (f)	avroma	אַבְרוֹמָה (נ)
carpa (f)	karpiyon	קַרְפִּיוֹן (ז)
perca (f)	'okunus	אוֹקוּנוּס (ז)
siluro (m)	sfamnun	שְׂפַמְנוּן (ז)
lúcio (m)	ze'ev 'mayim	זְאֵב מַיִם (ז)
salmão (m)	'salmon	סַלְמוֹן (ז)
esturjão (m)	χidkan	חִדְקָן (ז)
arenque (m)	ma'liaχ	מָלִיחַ (ז)
salmão (m) do Atlântico	iltit	אִילְתִּית (נ)
cavala, sarda (f)	makarel	מָקָרֶל (ז)
solha (f), linguado (m)	dag moʃe ra'benu	דַּג מֹשֶׁה רַבֵּנוּ (ז)
lúcio perca (m)	amnun	אַמְנוּן (ז)
bacalhau (m)	ʃibut	שִׁיבּוּט (ז)
atum (m)	'tuna	טוּנָה (נ)
truta (f)	forel	פוֹרֶל (ז)
enguia (f)	tslofaχ	צְלוֹפַח (ז)
raia (f) elétrica	trisanit	תְּרִיסָנִית (נ)
moreia (f)	mo'rena	מוֹרֶנָה (נ)
piranha (f)	pi'ranya	פִּירַנְיָה (נ)
tubarão (m)	kariʃ	כָּרִיש (ז)
golfinho (m)	dolfin	דּוֹלְפִין (ז)
baleia (f)	livyatan	לִוְיָתָן (ז)
caranguejo (m)	sartan	סַרְטָן (ז)
água-viva (f)	me'duza	מֶדוּזָה (נ)
polvo (m)	tamnun	תַּמְנוּן (ז)
estrela-do-mar (f)	koχav yam	כּוֹכַב יָם (ז)
ouriço-do-mar (m)	kipod yam	קִיפּוֹד יָם (ז)
cavalo-marinho (m)	suson yam	סוּסוֹן יָם (ז)
ostra (f)	tsidpa	צִדְפָּה (נ)
camarão (m)	χasilon	חֲסִילוֹן (ז)
lagosta (f)	'lobster	לוֹבְּסְטֶר (ז)
lagosta (f)	'lobster kotsani	לוֹבְּסְטֶר קוֹצָנִי (ז)

140. Anfíbios. Répteis

cobra (f)	naχaʃ	נָחָש (ז)
venenoso (adj)	arsi	אַרְסִי
víbora (f)	'tsefa	צֶפַע (ז)
naja (f)	'peten	פֶּתֶן (ז)
píton (m)	piton	פִּיתוֹן (ז)
jiboia (f)	χanak	חֶנֶק (ז)
cobra-de-água (f)	naχaʃ 'mayim	נָחָש מַיִם (ז)

cascavel (f)	ʃfifon	שְׁפִיפוֹן (ז)
anaconda (f)	ana'konda	אֲנָקוֹנְדָה (נ)
lagarto (m)	leta'a	לְטָאָה (נ)
iguana (f)	igu''ana	אִיגוּאָנָה (נ)
varano (m)	'koaχ	כּוֹחַ (ז)
salamandra (f)	sala'mandra	סָלָמַנְדְרָה (נ)
camaleão (m)	zikit	זִיקִית (נ)
escorpião (m)	akrav	עַקְרָב (ז)
tartaruga (f)	tsav	צָב (ז)
rã (f)	tsfar'de'a	צְפַרְדֵּעַ (נ)
sapo (m)	karpada	קַרְפָּדָה (נ)
crocodilo (m)	tanin	תַּנִּין (ז)

141. Insetos

inseto (m)	χarak	חֲרָק (ז)
borboleta (f)	parpar	פַּרְפַּר (ז)
formiga (f)	nemala	נְמָלָה (נ)
mosca (f)	zvuv	זְבוּב (ז)
mosquito (m)	yatuʃ	יַתּוּשׁ (ז)
escaravelho (m)	χipuʃit	חִיפּוּשִׁית (נ)
vespa (f)	tsir'a	צִרְעָה (נ)
abelha (f)	dvora	דבוֹרָה (נ)
mamangaba (f)	dabur	דַּבּוּר (ז)
moscardo (m)	zvuv hasus	זְבוּב הַסּוּס (ז)
aranha (f)	akaviʃ	עַכָּבִישׁ (ז)
teia (f) de aranha	kurei akaviʃ	קוּרֵי עַכָּבִישׁ (ז"ר)
libélula (f)	ʃapirit	שַׁפִּירִית (נ)
gafanhoto (m)	χagav	חָגָב (ז)
traça (f)	aʃ	עָשׁ (ז)
barata (f)	makak	מַקָּק (ז)
carrapato (m)	kartsiya	קַרְצִיָּה (נ)
pulga (f)	par'oʃ	פַּרְעוֹשׁ (ז)
borrachudo (m)	yavχuʃ	יַבְחוּשׁ (ז)
gafanhoto (m)	arbe	אַרְבֶּה (ז)
caracol (m)	χilazon	חִילָזוֹן (ז)
grilo (m)	tsartsar	צְרָצַר (ז)
pirilampo, vaga-lume (m)	gaχlilit	גַּחְלִילִית (נ)
joaninha (f)	parat moʃe ra'benu	פָּרַת מֹשֶׁה רַבֵּנוּ (נ)
besouro (m)	χipuʃit aviv	חִיפּוּשִׁית אָבִיב (נ)
sanguessuga (f)	aluka	עֲלוּקָה (נ)
lagarta (f)	zaχal	זַחַל (ז)
minhoca (f)	to'la'at	תּוֹלַעַת (נ)
larva (f)	'deren	דֶּרֶן (ז)

Flora

142. Árvores

árvore (f)	ets	עֵץ (ז)
decídua (adj)	naʃir	נָשִׁיר
conífera (adj)	maxtani	מַחְטָנִי
perene (adj)	yarok ad	יָרוֹק עַד
macieira (f)	ta'puax	תַּפּוּחַ (ז)
pereira (f)	agas	אַגָּס (ז)
cerejeira (f)	gudgedan	גּוּדְגְּדָן (ז)
ginjeira (f)	duvdevan	דּוּבְדְּבָן (ז)
ameixeira (f)	ʃezif	שְׁזִיף (ז)
bétula (f)	ʃadar	שְׁדָר (ז)
carvalho (m)	alon	אַלּוֹן (ז)
tília (f)	'tilya	טִילְיָה (נ)
choupo-tremedor (m)	aspa	אַסְפָּה (נ)
bordo (m)	'eder	אֶדֶר (ז)
espruce (m)	a'ʃuax	אַשּׁוּחַ (ז)
pinheiro (m)	'oren	אֹרֶן (ז)
alerce, lariço (m)	arzit	אַרְזִית (נ)
abeto (m)	a'ʃuax	אַשּׁוּחַ (ז)
cedro (m)	'erez	אֶרֶז (ז)
choupo, álamo (m)	tsaftsefa	צַפְצָפָה (נ)
tramazeira (f)	ben xuzrar	בֶּן־חוֹזְרָר (ז)
salgueiro (m)	arava	עֲרָבָה (נ)
amieiro (m)	alnus	אַלְנוּס (ז)
faia (f)	aʃur	אַשּׁוּר (ז)
ulmeiro, olmo (m)	bu'kitsa	בּוּקִיצָה (נ)
freixo (m)	mela	מֵילָה (נ)
castanheiro (m)	armon	עַרְמוֹן (ז)
magnólia (f)	mag'nolya	מַגְנוֹלְיָה (נ)
palmeira (f)	'dekel	דֶּקֶל (ז)
cipreste (m)	broʃ	בְּרוֹשׁ (ז)
mangue (m)	mangrov	מַנְגְּרוֹב (ז)
embondeiro, baobá (m)	ba'obab	בָּאוֹבָּב (ז)
eucalipto (m)	eika'liptus	אֵיקָלִיפְּטוּס (ז)
sequoia (f)	sek'voya	סְקְווֹיָה (נ)

143. Arbustos

arbusto (m)	'siax	שִׂיחַ (ז)
arbusto (m), moita (f)	'siax	שִׂיחַ (ז)

videira (f)	'gefen	גֶּפֶן (ז)
vinhedo (m)	'kerem	כֶּרֶם (ז)
framboeseira (f)	'petel	פֶּטֶל (ז)
groselheira-negra (f)	'siaχ dumdemaniyot ʃχorot	שִׂיחַ דּוּמְדְּמָנִיּוֹת שְׁחוֹרוֹת (ז)
groselheira-vermelha (f)	'siaχ dumdemaniyot adumot	שִׂיחַ דּוּמְדְּמָנִיּוֹת אֲדוּמּוֹת (ז)
groselheira (f) espinhosa	χazarzar	חֲזַרְזַר (ז)
acácia (f)	ʃita	שִׁיטָה (נ)
bérberis (f)	berberis	בֶּרְבֶּרִיס (ז)
jasmim (m)	yasmin	יַסְמִין (ז)
junípero (m)	ar'ar	עַרְעָר (ז)
roseira (f)	'siaχ vradim	שִׂיחַ וְרָדִים (ז)
roseira (f) brava	'vered bar	וֶרֶד בָּר (ז)

144. Frutos. Bagas

fruta (f)	pri	פְּרִי (ז)
frutas (f pl)	perot	פֵּירוֹת (ז"ר)
maçã (f)	ta'puaχ	תַּפּוּחַ (ז)
pera (f)	agas	אַגָּס (ז)
ameixa (f)	ʃezif	שְׁזִיף (ז)
morango (m)	tut sade	תּוּת שָׂדֶה (ז)
ginja (f)	duvdevan	דּוּבְדְּבָן (ז)
cereja (f)	gudgedan	גּוּדְגְּדָן (ז)
uva (f)	anavim	עֲנָבִים (ז"ר)
framboesa (f)	'petel	פֶּטֶל (ז)
groselha (f) negra	dumdemanit ʃχora	דּוּמְדְּמָנִית שְׁחוֹרָה (נ)
groselha (f) vermelha	dumdemanit aduma	דּוּמְדְּמָנִית אֲדוּמָּה (נ)
groselha (f) espinhosa	χazarzar	חֲזַרְזַר (ז)
oxicoco (m)	χamutsit	חֲמוּצִית (נ)
laranja (f)	tapuz	תַּפּוּז (ז)
tangerina (f)	klemen'tina	קְלֶמֶנְטִינָה (נ)
abacaxi (m)	'ananas	אֲנָנָס (ז)
banana (f)	ba'nana	בַּנָנָה (נ)
tâmara (f)	tamar	תָּמָר (ז)
limão (m)	limon	לִימוֹן (ז)
damasco (m)	'miʃmeʃ	מִשְׁמֵשׁ (ז)
pêssego (m)	afarsek	אֲפַרְסֵק (ז)
quiuí (m)	'kivi	קִיוִוי (ז)
toranja (f)	eʃkolit	אֶשְׁכּוֹלִית (נ)
baga (f)	garger	גַּרְגַּר (ז)
bagas (f pl)	gargerim	גַּרְגְּרִים (ז"ר)
arando (m) vermelho	uχmanit aduma	אוּכְמָנִית אֲדוּמָּה (נ)
morango-silvestre (m)	tut 'ya'ar	תּוּת יַעַר (ז)
mirtilo (m)	uχmanit	אוּכְמָנִית (נ)

145. Flores. Plantas

flor (f)	'peraχ	פֶּרַח (ז)
buquê (m) de flores	zer	זֵר (ז)
rosa (f)	'vered	וֶרֶד (ז)
tulipa (f)	tsiv'oni	צִבְעוֹנִי (ז)
cravo (m)	tsi'poren	צִיפּוֹרֶן (ז)
gladíolo (m)	glad'yola	גְלַדִיוֹלָה (נ)
centáurea (f)	dganit	דְגָנִיָה (נ)
campainha (f)	pa'amonit	פַּעֲמוֹנִית (נ)
dente-de-leão (m)	ʃinan	שִׁינָן (ז)
camomila (f)	kamomil	קָמוֹמִיל (ז)
aloé (m)	alvai	אַלְוַוי (ז)
cacto (m)	'kaktus	קַקְטוּס (ז)
fícus (m)	'fikus	פִיקוּס (ז)
lírio (m)	ʃoʃana	שׁוֹשַׁנָה (נ)
gerânio (m)	ge'ranyum	גֵרַנְיוֹם (ז)
jacinto (m)	yakinton	יָקִינְטוֹן (ז)
mimosa (f)	mi'moza	מִימוֹזָה (נ)
narciso (m)	narkis	נַרְקִיס (ז)
capuchinha (f)	'kova hanazir	כּוֹבַע הַנָזִיר (ז)
orquídea (f)	saχlav	סַחְלָב (ז)
peônia (f)	admonit	אַדְמוֹנִית (נ)
violeta (f)	sigalit	סִיגָלִית (נ)
amor-perfeito (m)	amnon vetamar	אַמְנוֹן וְתָמָר (ז)
não-me-esqueças (m)	ziχ'rini	זִכְרִינִי (ז)
margarida (f)	marganit	מַרְגָנִית (נ)
papoula (f)	'pereg	פֶּרֶג (ז)
cânhamo (m)	ka'nabis	קָנָאבִּיס (ז)
hortelã, menta (f)	'menta	מֶנְתָה (נ)
lírio-do-vale (m)	zivanit	זִיוָונִית (נ)
campânula-branca (f)	ga'lantus	גָלַנְטוּס (ז)
urtiga (f)	sirpad	סִרְפָּד (ז)
azedinha (f)	χum'a	חוּמְעָה (נ)
nenúfar (m)	nufar	נוּפָר (ז)
samambaia (f)	ʃaraχ	שָׁרָךְ (ז)
líquen (m)	χazazit	חֲזָזִית (נ)
estufa (f)	χamama	חֲמָמָה (נ)
gramado (m)	midʃa'a	מִדְשָׁאָה (נ)
canteiro (m) de flores	arugat praχim	עֲרוּגַת פְּרָחִים (נ)
planta (f)	'tsemaχ	צֶמַח (ז)
grama (f)	'deʃe	דֶשֶׁא (ז)
folha (f) de grama	giv'ol 'esev	גִבְעוֹל עֵשֶׂב (ז)

folha (f)	ale	עָלֶה (ז)
pétala (f)	ale ko'teret	עָלֶה כּוֹתֶרֶת (ז)
talo (m)	giv'ol	גִּבְעוֹל (ז)
tubérculo (m)	'pka‘at	פְּקַעַת (נ)

| broto, rebento (m) | 'nevet | נֶבֶט (ז) |
| espinho (m) | kots | קוֹץ (ז) |

florescer (vi)	lif'roax	לִפְרוֹחַ
murchar (vi)	linbol	לִנְבּוֹל
cheiro (m)	'reax	רֵיחַ (ז)
cortar (flores)	ligzom	לִגְזוֹם
colher (uma flor)	liktof	לִקְטוֹף

146. Cereais, grãos

grão (m)	tvu'a	תְּבוּאָה (נ)
cereais (plantas)	dganim	דְּגָנִים (ז"ר)
espiga (f)	ʃi'bolet	שִׁיבּוֹלֶת (נ)

trigo (m)	xita	חִיטָה (נ)
centeio (m)	ʃifon	שִׁיפוֹן (ז)
aveia (f)	ʃi'bolet ʃu‘al	שִׁיבּוֹלֶת שׁוּעָל (נ)
painço (m)	'doxan	דּוֹחַן (ז)
cevada (f)	se‘ora	שְׂעוֹרָה (נ)

milho (m)	'tiras	תִּירָס (ז)
arroz (m)	'orez	אוֹרֶז (ז)
trigo-sarraceno (m)	ku'semet	כּוּסֶמֶת (נ)

ervilha (f)	afuna	אֲפוּנָה (נ)
feijão (m) roxo	ʃu‘it	שְׁעוּעִית (נ)
soja (f)	'soya	סוֹיָה (נ)
lentilha (f)	adaʃim	עֲדָשִׁים (נ"ר)
feijão (m)	pol	פּוֹל (ז)

PAÍSES. NACIONALIDADES

147. Europa Ocidental

Portuguese	Transliteration	Hebraico
Europa (f)	ei'ropa	אֵירוֹפָּה (נ)
União (f) Europeia	ha'iχud ha'eiro'pe'i	הָאִיחוּד הָאֵירוֹפִּי (ז)
Áustria (f)	'ostriya	אוֹסְטְרְיָה (נ)
Grã-Bretanha (f)	bri'tanya hagdola	בְּרִיטַנְיָה הַגְּדוֹלָה (נ)
Inglaterra (f)	'angliya	אַנְגְלְיָה (נ)
Bélgica (f)	'belgya	בֶּלְגְיָה (נ)
Alemanha (f)	ger'manya	גֶרְמַנְיָה (נ)
Países Baixos (m pl)	'holand	הוֹלַנְד (נ)
Holanda (f)	'holand	הוֹלַנְד (נ)
Grécia (f)	yavan	יָוָן (נ)
Dinamarca (f)	'denemark	דֶנְמַרְק (נ)
Irlanda (f)	'irland	אִירְלַנְד (נ)
Islândia (f)	'island	אִיסְלַנְד (נ)
Espanha (f)	sfarad	סְפָרַד (נ)
Itália (f)	i'talya	אִיטַלְיָה (נ)
Chipre (m)	kafrisin	קַפְּרִיסִין (נ)
Malta (f)	'malta	מַלְטָה (נ)
Noruega (f)	nor'vegya	נוֹרְבֶגְיָה (נ)
Portugal (m)	portugal	פּוֹרְטוּגָל (נ)
Finlândia (f)	'finland	פִינְלַנְד (נ)
França (f)	tsarfat	צָרְפַת (נ)
Suécia (f)	ʃvedya	שְבֶדְיָה (נ)
Suíça (f)	ʃvaits	שְוַויִץ (נ)
Escócia (f)	'skotland	סְקוֹטְלַנְד (נ)
Vaticano (m)	vatikan	וָתִיקָן (ז)
Liechtenstein (m)	liχtenʃtain	לִיכְטֶנְשְטַייִן (נ)
Luxemburgo (m)	luksemburg	לוּקְסֶמְבּוּרְג (נ)
Mônaco (m)	mo'nako	מוֹנָקוֹ (נ)

148. Europa Central e de Leste

Portuguese	Transliteration	Hebraico
Albânia (f)	al'banya	אַלְבַּנְיָה (נ)
Bulgária (f)	bul'garya	בּוּלְגַרְיָה (נ)
Hungria (f)	hun'garya	הוֹנְגַרְיָה (נ)
Letônia (f)	'latviya	לַטְבְיָה (נ)
Lituânia (f)	'lita	לִיטָא (נ)
Polônia (f)	polin	פּוֹלִין (נ)

Romênia (f)	ro'manya	רוֹמַנְיָה (נ)
Sérvia (f)	'serbya	סֶרְבְּיָה (נ)
Eslováquia (f)	slo'vakya	סְלוֹבַקְיָה (נ)

Croácia (f)	kro''atya	קְרוֹאַטְיָה (נ)
República (f) Checa	'tʃexya	צֶ'כְיָה (נ)
Estônia (f)	es'tonya	אֶסְטוֹנְיָה (נ)

Bósnia e Herzegovina (f)	'bosniya	בּוֹסְנְיָה (נ)
Macedônia (f)	make'donya	מָקֶדוֹנְיָה (נ)
Eslovênia (f)	slo'venya	סְלוֹבֶנְיָה (נ)
Montenegro (m)	monte'negro	מוֹנְטֶנֶגְרוֹ (נ)

149. Países da ex-URSS

Azerbaijão (m)	azerbaidʒan	אָזֶרְבַּיְגָ'ן (נ)
Armênia (f)	ar'menya	אַרְמֶנְיָה (נ)

Belarus	'belarus	בֶּלָרוּס (נ)
Geórgia (f)	'gruzya	גְרוּזְיָה (נ)
Cazaquistão (m)	kazaxstan	קָזַחְסְטָן (נ)
Quirguistão (m)	kirgizstan	קִירְגִיזְסְטָן (נ)
Moldávia (f)	mol'davya	מוֹלְדַבְיָה (נ)

Rússia (f)	'rusya	רוֹסְיָה (נ)
Ucrânia (f)	uk'rayna	אוּקְרַאִינָה (נ)

Tajiquistão (m)	tadʒikistan	טַגִ'יקִיסְטָן (נ)
Turquemenistão (m)	turkmenistan	טוּרְקְמֶנִיסְטָן (נ)
Uzbequistão (f)	uzbekistan	אוֹזְבֶּקִיסְטָן (נ)

150. Asia

Ásia (f)	'asya	אַסְיָה (נ)
Vietnã (m)	vyetnam	וְיֵיטְנָאם (נ)
Índia (f)	'hodu	הוֹדוּ (נ)
Israel (m)	yisra'el	יִשְׂרָאֵל (נ)

China (f)	sin	סִין (נ)
Líbano (m)	levanon	לְבָנוֹן (נ)
Mongólia (f)	mon'golya	מוֹנְגוֹלְיָה (נ)

Malásia (f)	ma'lezya	מָלֶזְיָה (נ)
Paquistão (m)	pakistan	פָּקִיסְטָן (נ)

Arábia (f) Saudita	arav hasa'udit	עֲרָב הַסָעוּדִית (נ)
Tailândia (f)	'tailand	תַאִילַנְד (נ)
Taiwan (m)	taivan	טַייוַון (נ)
Turquia (f)	'turkiya	טוּרְקִיָה (נ)
Japão (m)	yapan	יַפָּן (נ)
Afeganistão (m)	afganistan	אַפְגָנִיסְטָן (נ)
Bangladesh (m)	bangladeʃ	בַּנגלָדָשׁ (נ)

Indonésia (f)	indo'nezya	אִינְדּוֹנֶזְיָה (נ)
Jordânia (f)	yarden	יַרְדֵּן (נ)
Iraque (m)	irak	עִירָאק (נ)
Irã (m)	iran	אִירָן (נ)
Camboja (f)	kam'bodya	קַמְבּוֹדְיָה (נ)
Kuwait (m)	kuveit	כֻּוֵּית (נ)
Laos (m)	la'os	לָאוֹס (נ)
Birmânia (f)	miyanmar	מְיַאנְמָר (נ)
Nepal (m)	nepal	נֶפָּאל (נ)
Emirados Árabes Unidos	iχud ha'emi'royot ha'araviyot	אִיחוּד הָאֱמִירוּיוֹת הָעֲרָבִיּוֹת (ז)
Síria (f)	'surya	סוּרְיָה (נ)
Palestina (f)	falastin	פָּלֶסְטִין (נ)
Coreia (f) do Sul	ko'rei'a hadromit	קוֹרֵיאָה הַדְּרוֹמִית (נ)
Coreia (f) do Norte	ko'rei'a hatsfonit	קוֹרֵיאָה הַצְּפוֹנִית (נ)

151. América do Norte

Estados Unidos da América	artsot habrit	אַרְצוֹת הַבְּרִית (נ"ר)
Canadá (m)	'kanada	קָנָדָה (נ)
México (m)	'meksiko	מֶקְסִיקוֹ (נ)

152. América Central do Sul

Argentina (f)	argen'tina	אַרְגֶּנְטִינָה (נ)
Brasil (m)	brazil	בְּרָזִיל (נ)
Colômbia (f)	ko'lombya	קוֹלוֹמְבִּיָה (נ)
Cuba (f)	'kuba	קוּבָּה (נ)
Chile (m)	'tʃile	צ'ִילֶה (נ)
Bolívia (f)	bo'livya	בּוֹלִיבִיָה (נ)
Venezuela (f)	venetsu"ela	וֶנֶצוּאֵלָה (נ)
Paraguai (m)	paragvai	פָּרָגְוַאי (נ)
Peru (m)	peru	פֶּרוּ (נ)
Suriname (m)	surinam	סוּרִינָאם (נ)
Uruguai (m)	urugvai	אוּרוּגְוַאי (נ)
Equador (m)	ekvador	אֶקְוָדוֹר (נ)
Bahamas (f pl)	iyey ba'hama	אִיֵּי בָּהָאמָה (ז"ר)
Haiti (m)	ha"iti	הָאִיטִי (נ)
República Dominicana	hare'publika hadomeni'kanit	הָרֶפּוּבְּלִיקָה הַדּוֹמִינִיקָנִית (נ)
Panamá (m)	pa'nama	פָּנָמָה (נ)
Jamaica (f)	dʒa'maika	ג'ָמַייקָה (נ)

153. Africa

Egito (m)	mits'rayim	מִצְרַיִם (נ)
Marrocos	ma'roko	מָרוֹקוֹ (נ)

Tunísia (f)	tu'nisya	טוּנִיסְיָה (נ)
Gana (f)	'gana	גָּאנָה (נ)
Zanzibar (m)	zanzibar	זַנְזִיבָּר (ז)
Quênia (f)	'kenya	קֶנְיָה (נ)
Líbia (f)	luv	לוּב (נ)
Madagascar (m)	madagaskar	מָדָגַסְקָר (ז)
Namíbia (f)	na'mibya	נָמִיבְּיָה (נ)
Senegal (m)	senegal	סֶנֶגָל (נ)
Tanzânia (f)	tan'zanya	טַנְזַנְיָה (נ)
África (f) do Sul	drom 'afrika	דְרוֹם אַפְרִיקָה (נ)

154. Austrália. Oceania

Austrália (f)	ost'ralya	אוֹסְטְרַלְיָה (נ)
Nova Zelândia (f)	nyu 'ziland	נְיוּ זִילַנְד (נ)
Tasmânia (f)	tas'manya	טַסְמַנְיָה (נ)
Polinésia (f) Francesa	poli'nezya hatsarfatit	פּוֹלִינֶזְיָה הַצָּרְפָתִית (נ)

155. Cidades

Amesterdã, Amsterdã	'amsterdam	אַמְסְטֶרְדָם (נ)
Ancara	ankara	אַנְקָרָה (נ)
Atenas	a'tuna	אָתוּנָה (נ)
Bagdade	bagdad	בַּגְדָד (נ)
Bancoque	bangkok	בַּנְגְקוֹק (נ)
Barcelona	bartse'lona	בַּרְצֶלוֹנָה (נ)
Beirute	beirut	בֵּירוּת (נ)
Berlim	berlin	בֶּרְלִין (נ)
Bonn	bon	בּוֹן (נ)
Bordéus	bordo	בּוֹרדּוֹ (נ)
Bratislava	bratis'lava	בְּרָטִיסְלָאבָה (נ)
Bruxelas	brisel	בְּרִיסֶל (נ)
Bucareste	'bukareʃt	בּוּקָרֶשְט (נ)
Budapeste	'budapeʃt	בּוּדַפֶּשְט (נ)
Cairo	kahir	קָהִיר (נ)
Calcutá	kol'kata	קוֹלְקָטָה (נ)
Chicago	ʃi'kago	שִיקָאגוֹ (נ)
Cidade do México	'meksiko 'siti	מֶקְסִיקוֹ סִיטִי (נ)
Copenhague	kopen'hagen	קוֹפֶנְהָגֶן (נ)
Dar es Salaam	dar e salam	דָאר אָ-סָלָאם (נ)
Deli	'delhi	דֶלְהִי (נ)
Dubai	dubai	דוּבַּאי (נ)
Dublim	'dablin	דַבְּלִין (נ)
Düsseldorf	'diseldorf	דִיסֶלְדּוֹרף (נ)
Estocolmo	'stokholm	סְטוֹקְהוֹלְם (נ)
Florença	fi'rentse	פִירֶנְצָה (נ)

143

Frankfurt	'frankfurt	פְרַנקפוּרט (נ)
Genebra	ʤe'neva	גֶ'נֶבָה (נ)
Haia	hag	הָאג (נ)
Hamburgo	'hamburg	הָמבּוּרג (נ)

Hanói	hanoi	הָאנוֹי (נ)
Havana	ha'vana	הָוָואנָה (נ)
Helsinque	'helsinki	הֶלסִינקִי (נ)
Hiroshima	hiro'ʃima	הִירוֹשִׁימָה (נ)
Hong Kong	hong kong	הוֹנג קוֹנג (נ)
Istambul	istanbul	אִיסטַנבּוּל (נ)

Jerusalém	yeruʃa'layim	יְרוּשָׁלַיִם (נ)
Kiev, Quieve	'kiyev	קִייֶב (נ)
Kuala Lumpur	ku''ala lumpur	קוּאָלָה לוּמפּוּר (נ)
Lion	li'on	לִיאוֹן (נ)
Lisboa	lisbon	לִיסבּוֹן (נ)

Londres	'london	לוֹנדוֹן (נ)
Los Angeles	los 'anʤeles	לוֹס אָנגֶ'לֶס (נ)
Madrid	madrid	מָדרִיד (נ)
Marselha	marsei	מַרסֵי (נ)
Miami	ma'yami	מָיָאמִי (נ)

Montreal	montri'ol	מוֹנטרִיאוֹל (נ)
Moscou	'moskva	מוֹסקבָה (נ)
Mumbai	bombei	בּוֹמבֵּי (נ)
Munique	'minχen	מִינכֶן (נ)
Nairóbi	nai'robi	נַיירוֹבִּי (נ)
Nápoles	'napoli	נָפוֹלִי (נ)

Nice	nis	נִיס (נ)
Nova York	nyu york	נִיו יוֹרק (נ)
Oslo	'oslo	אוֹסלוֹ (נ)
Ottawa	'otava	אוֹטָוָוה (נ)
Paris	pariz	פָּרִיז (נ)

Pequim	beiʤing	בֵּייגִ'ינג (נ)
Praga	prag	פּרָאג (נ)
Rio de Janeiro	'riyo de ʒa'nero	רִיוֹ דֶה זָ'נֶרוֹ (נ)
Roma	'roma	רוֹמָא (נ)
São Petersburgo	sant 'petersburg	סָנט פֶּטרסבּוּרג (נ)
Seul	se'ul	סָאוּל (נ)

Singapura	singapur	סִינגָפּוּר (נ)
Sydney	'sidni	סִידנִי (נ)
Taipé	taipe	טַייפֶּה (נ)

| Tóquio | 'tokyo | טוֹקִיוֹ (נ) |
| Toronto | to'ronto | טוֹרוֹנטוֹ (נ) |

Varsóvia	'varʃa	וַרשָׁה (נ)
Veneza	ve'netsya	וֶנֶצִיָה (נ)
Viena	'vina	וִינָה (נ)
Washington	'voʃington	וֹושִׁינגטוֹן (נ)
Xangai	ʃanχai	שַׁנחַאי (נ)